EDUCANDO A LOS PADRES EN EL MUNDO DIGITAL

UNA GUÍA PASO A PASO PARA LA SEGURIDAD EN EL INTERNET

TERCERA EDICIÓN

Autor Clayton Cranford, M.A.

Traducción al español por: Carlos Sánchez

Información de los derechos del autor

Uso de materiales

Se les motiva a los lectores a utilizar las ideas de este libro y de otros materiales educativos de Cyber Safety Cop en sus vidas personales y profesionales. Les pedimos a los lectores que otorguen el reconocimiento adecuado a Cyber Safety Cop cuando utilicen cualquiera de sus ejemplos, ideas, historias, lenguaje o prácticas que ellos aprendieron de nuestro programa y dejen saber a los demás cómo poder contactarse con nuestra organización –sin dar la impresión de que ellos cuentan con la autorización o certificación por parte de nuestra organización, a menos que verdaderamente cuenten con ella. Para cualquier pregunta acerca del reconocimiento o uso, por favor, envíen un correo electrónico a info@cybersafetycop.com.

Exoneración de responsabilidades

ISBN: 9798538880843

Dedicatión

El programa de Seguridad Cibernética Policial, mi trabajo combatiendo el trafico de humanos, y este libro simplemente no fueran posible sin el amor, paciencia, y ayuda de mi familia. Este libro es dedicado a ellos:

A mi mejor amiga y amada esposa, Gretchen, quien me a brindado apoyo constante y dosis de sentido común cuando lo e necesitado. A mis dos hijos, Clay y Zachary, quienes han sobrevivido siendo conejillos de prueba de seguridad cibernética. Estoy muy orgulloso de ser su padre.

Finalmente, este libro es dedicado a padres, maestros, directores, policías, y consejeros que se dedican a mantener la seguridad de nuestros niños. Hacen cosas cuales muchos no están dispuestos hacer o simplemente no pueden hacer. Van mas allá. Eso los hace especial. Gracias.

Contenido

El libro de Clayton Cranford, Educando a los Padres en un Mundo Digital, esta cambiando vidas y ayudando a construir familias mas seguras en línea.

Lo que padres, educadores, y oficiales de seguridad dicen acerca de Educando a los Padres en un Mundo Digital...

"Esto es sumamente importante. Especialmente ahora en cuarentena, todos los niños y jóvenes están pasando demasiado tiempo en línea. Esto es aterrador para padres porque desafortunadamente esto puede dañar esta generación."
Joana J., Educador de Preparatoria

"Increíble lo que información puede hacer para uno como padre. Lee este libro. Es un gran método para prepararse. Ahora ya hay un manual de redes sociales."

Karla S., Padre

"No estar educado no es una opción. Nuestros hijos nos necesitan. Debemos normalizar estas conversaciones y continuar a perseguir conocimiento de nuevas aplicaciones que siguen llegando. La batalla por el bienestar de nuestros hijos es algo muy real. ¡Este libro me dio las palabras para lograr esto!"
Liset C, Defensor del programa contra Trafico de Humanos

"Gran información para cualquier padre, tutor legal, maestro, trabajador social y cualquiera que trabaje con niños para saber que tan peligroso son las redes sociales en realidad y todo lo que se puede hacer por un niño que quiere usar las plataformas de redes sociales."
Michelle R., Manager, Trabajadora Social

"Exactamente lo que e estado buscando como padre. Consejos claros de como lidiar con los problemas de niños usando redes sociales."
Nathalie E., Padre

"Es una gran revelación para padres. Enseña ilustraciones de lo que hay que tener en cuenta, destaca las consecuencias de las actividades, provee soluciones que ayuda crear resultados positivos."
Dave H., Padre

"Es un libro importante porque puede ayudar a padres y jóvenes tomar mejores decisiones y prevenir que sean heridos."
Barbara P., Deputy Probation Officer

Como padre de un hijo superviviente de trafico sexual de humanos, que empezó por redes sociales, este libro no solo es grande para profesionales que se ocupan de esto, pero también para padres para que sepan como prevenir que sus hijos sean victimas acoso, explotación, o drama en línea."
Robert H., EMS Profesional y padre de un sobreviviente de trafico humano.

Prefacio

Muchas gracias por haber adquirido la tercera edición de mi libro, Educando a los Padres en el Mundo Digital (Parenting in the Digital World, en inglés). Han pasado dos años desde que publiqué la segunda edición y desde entonces se han producido muchos nuevos avances en tecnología. Contamos ahora con nuevos dispositivos, nuevos sistemas operativos; pero al mismo tiempo, existen aún muchas cosas que no han cambiado. Los padres, educadores y el personal encargado del cumplimiento de la ley, continúan enfrentando un sinúmero de incidentes relacionados con la explotación sexual en línea, las amenazas, la intimidación, el acoso, el daño autoinflingido y el suicidio. En esta segunda edición, además de incluir nuevas aplicaciones y dispositivos, le brindaré ayuda guiándolo en las conversaciones críticas que todo padre debe tener con su hijo acerca de la pornografía y el comportamiento amenazante. La tecnología es un objetivo en movimiento, y nosotros debemos estar al tanto de los nuevos y cambiantes retos que están enfrentando nuestros hijos.

Al sostener una conversación con la directora de una escuela primaria, después que terminé de presentar un taller informativo sobre la Seguridad Cibernética (Cyber Safety Workshop, en inglés) a un grupo de 150 alumnos del 5° grado, ella recalcó lo importante que es esta educación para sus estudiantes y lo decepcionada que estaba debido al bajo número de padres que asistieron al taller para padres que yo había ofrecido la semana anterior.

"Todos los padres de cada uno de los niños en su clase debieron haber estado presentes allí la semana pasada," exclamó ella.

Solo contamos con la presencia de alrededor de 25 padres que asistieron al taller que fue tan bien publicitado. Esta baja asistencia de padres no es algo inusual. Si por simple coincidencia hubiese ocurrido en la escuela un incidente de acoso cibernético, antes que presentara mi taller, hubiésemos tenido un salón repleto de padres. Los padres que asisten al taller informativo se quedan sorprendidos con lo que les muestro e insisten en que programemos otro taller el siguiente mes para que así puedan ir pasando la voz a otros padres. Ellos tienen ya en mente qué otros diez padres necesitaron estar presentes en este seminario. La asistencia a la segunda clase siempre mejora. Los padres se sienten cansados y sobrecargados de trabajo. Yo debería saberlo pues soy padre de dos adolescentes varones. Después de investigar miles de crímenes relacionados con la cibernética y otros incidentes, he desarrollado una perspectiva que la mayoría de los padres no la tienen: reconocer el uso del internet, sin filtrarlo, sin supervisarlo, es uno de los lugares más peligrosos en donde nuestros hijos pueden estar. ¿Por qué es que los padres no están asistiendo a estas clases gratuitas que los ayudarán a hacer que el internet y los medios sociales sean un lugar más seguro para sus hijos? Después de conversar con miles de padres que han asistido a mi seminario, he descubierto que muchos padres están viviendo bajo falsas suposiciones acerca del mundo digital de sus hijos.

El propósito de Educando a los Padres en el Mundo Digital es que ustedes puedan informarse, a un ritmo veloz, acerca de las amenazas potenciales a las que se pueden enfrentar sus hijos cuando se conectan en el internet; así como, eliminar las tres principales suposiciones falsas que los padres tienen acerca de la seguridad de sus hijos en línea.

Suposición falsa #1

No es un problema tan grande. El Consejo Nacional de Prevención del Crímen (National Crime Prevention Council) informó que más del 80% de los estudiantes encuestados dijeron que no contaban con límites establecidos por sus padres acerca de lo que pueden hacer en línea, o saben evadir fácilmente las restricciones. Cerca del 100% de los padres con quienes he conversado después de haberme enterado sobre un problema relacionado a la actividad de sus hijos en línea, no tenían idea de lo que estaba ocurriendo en el mundo de sus hijos en el internet. Ellos le dieron a su adolescente o pre-adolescente un teléfono inteligente (smart phone) sin establecer controles o restricciones parentales. Ellos se quedan sorprendendidos al enterarse que sus hijos han creado cuentas múltiples en las redes sociales, han sido víctimas o perpetradores del acoso cibernético, han visto pornografía, han interactuado con adultos extraños, o han enviado a otros imágenes desnudas de sí mismos. Hay demasiado en riesgo como para no estar involucrado en el mundo digital de nuestros hijos.

Suposición falsa #2

Si mi hijo estuviera teniendo un problema en línea, él me lo diría. En un informe del Centro de Investigación del Acoso Cibernético (Cyber Bullying Research Center) del año 2016, se menciona que solo 1 de 10 niños dirán a sus padres si son víctimas del abuso cibernético. ¿Por qué es que solo 1 de 10 adolescentes se sienten suficientemente cómodos para decirles a sus padres que son víctimas del acoso cibernético? La respuesta es simple: Ellos sienten temor de perder su teléfono celular o el acceso a sus redes sociales. Los adolescentes prefieren más bien sufrir las consecuencias de ser intimidados o acosados antes de perder su conexión vital con todos sus amigos. ¿Qué podemos hacer para cambiar totalmente estas estadísticas? Nosotros debemos mantener una relación cercana con nuestros hijos, que ellos se sientan cómodos y seguros para acercarse a nosotros y nos cuenten los problemas que están afrontando en la red.

Suposición falsa #3

Esto de la tecnología es mucho para mí, nunca la entenderé. Los padres están ocupados trabajando, llevando y recogiendo a sus hijos de eventos deportivos, o poniendo una comida caliente sobre la mesa. El hecho de pensar en tener que tomar una tarea más, tan intimidante como aprender a manejar los aparatos electrónicos de su hijo, hace que extiendan sus manos en el aire y se rindan. Las malas noticias son que: Si usted se preocupa por la seguridad de su hijo, usted debe aprender una o dos cosas acerca de los dispositivos móviles de su hijo. Las buenas noticias son que: yo he escrito este libro, Educando a los Padres en el Mundo Digital, para ustedes. Usted no tiene tiempo para leer más de 200 páginas acerca de investigaciones sobre el acoso cibernético o explorar el internet para aprender cómo configurar o establecer los controles parentales en los numerosos dispositivos móviles de su hijo. Yo he hecho eso por ustedes. Aún si usted no sabe nada acerca de computadoras o dispositivos móviles, este libro le ayudará a seguir paso a paso lo que puede hacer en cada uno de los dispositivos móviles de su hijo, como computadoras y consolas de juegos electrónicos, y mostrarle cómo encender los controles parentales ocultos que le ayudarán a mantener seguro a su hijo.

Si usted está leyendo este libro no tengo que convencerlo de que existen amenazas en línea y que su hijo es vulnerable a estas. Usted quiere aprender más sobre cómo poderle hablar a su hijo sobre cosas que le preocupan a él así como poder entender cómo funciona toda su tecnología. Usted ha tomado el primer paso. Puede parecerle aterrador pero vale la pena hacerlo. Este libro le ayudará a usted a seguir el resto del camino.

Introducción

En un día brillante y soleado, el primer día de escuela, entre a mi escuela secundaria por la puerta principal y de inmediato me saludó el administrador de la oficina.

"Oficial Cranford, ¡gracias a Dios que usted está aquí!"

Esas palabras y la urgencia expresada en ellas no era lo que yo quería escuchar al entrar por la puerta de mi nuevo trabajo como Oficial de Recursos Escolares (School Resource Officer). Encontré a Jessica, una estudiante del 7° grado, sentada en la oficina de consejería, con la cabeza agachada llorando incontrolablemente. La consejera escolar, con una mirada triste y preocupada, estaba sentada a su lado sobándole la espalda, tratando de calmar a esta niña de 12 años que se sentía angustiada.

A través de sus lágrimas, Jessica me relató que durante el verano, su novio le había pedido que le enviara una fotografía de ella, desnuda, lo que es conocido entre los estudiantes como "sexting" (enviar mensajes con contenido sexual). Ella no lo quería hacer, pero él la hostigaba constantemente, sin tregua, hasta que ella lo hizo. Después de volver a relatar su historia ella enmarcó su torso colocando una mano por debajo de su barbilla y la otra a la altura de su cintura y dijo: "Esto fue lo que le envié."

Jessica y el muchacho a quién ella le envió su imagen ya no "estaban saliendo juntos." Ella creyó que él había reenviado esta foto por lo menos a otro muchacho, su mejor amigo. Después de pasar horas investigando e interrogando al ex-novio y a su amigo pude borrar la imagen de su teléfono. El ex-novio de Jessica prometió que no había enviado la imagen a nadie. El afirmó que su amigo había visto la imagen pero no le habían enviado la imagen por texto o correo electrónico.

¿Qué podía decirle yo a Jessica y a su mamá? Yo no podía garantizarles que la imagen realmente había desaparecido. La triste realidad del asunto fue que una vez que Jessica le envió su imagen desnuda a su novio, estaba ya completamente fuera de su control. Su novio podía haber enviado esa imagen a un amigo o a cincuenta. Solo el tiempo lo diría.

¿Qué consejo podía darles? "No vuelvas a hacerlo otra vez," no iba a ser suficiente. Tiene que haber algo más. Debía de haber alguna manera en que la mamá de Jessica pudiera supervisar adecuadamente las actividades de su hija en línea y que Jessica aprendiera a navegar con seguridad el espacio cibernético.

Esa experiencia y más tarde cientos más, fueron la base del programa de seguridad cibernética conocido en inglés como "Cyber Safety Cop." Yo creé este programa para enseñarles, a padres y estudiantes, cómo sentirse seguros en línea utilizando todas las formas de los medios sociales.

El objetivo de este libro y el de los talleres informativos de Cyber Safety Cop es uno solo: Que los padres logren un entendimiento de lo importante que son los medios sociales y las redes sociales para sus hijos. Ellos entenderán acerca de las amenazas únicas que existen en línea, incluyendo el acoso cibernético (cyberbullying), la suplantación de identidad (impersonation), el robo de identidad (identity theft), los mensajes con contenido sexual (sexting), los depredadores sexuales, el tráfico de humanos, el manejo de la reputación digital, la pornografía, y otros comportamientos de alto riesgo.

Algo mucho más importante es que se les dará a los padres las herramientas y recursos para ayudarlos a que supervisen apropiadamente a sus hijos en línea. Ellos saldrán del programa con una estrategia que incluye: guías para que sean implementadas en sus hogares y que de inmediato harán que sus hijos estén más seguros en el espacio cibernético.

Los estudiantes aprenderán sobre la privacidad y por qué el controlar a quien tiene acceso a sus redes sociales es la clave fundamental para tener una experiencia segura y agradable en línea. Ellos, quizás por primera vez, llegarán a entender qué es su reputación digital y por qué el establecer una buena o mala reputación puede tener consecuencias de por vida. Finalmente, los estudiantes aprenderán cómo lidear con los acosadores y otros comportamientos negativos cuando estos inevitablemente se interpongan en su camino.

Le prometo lo que suelo prometer a todos los padres o estudiantes que asisten a mis talleres de Cyber Safety Cop: Ustedes se sentirán más capacitados y en control después que terminen de leer el libro.

Las amenazas son reales y algunas veces preocupantes, como lo pueden atestiguar miles de adolescentes como Jessica, pero al final de este libro, usted contará con un plan. Y algo más que es realmente especial le pasará a usted. Usted estará sosteniendo asombrosas conversaciones con su hijo sobre algo que es íntimamente importante para él –la tecnología y los medios sociales. Usted tendrá acceso a una ventana desde donde podrá apreciar el mundo de su hijo. Usted verá cosas en la red social de su hijo que le dará una asombrosa percepción de lo que es importante para él. Parte de ello puede hacerlo tomar una pausa, y parte de ello le afirmará lo que ya usted sabía. De cualquier modo, todo esto le ayudará a acercarse más a su hijo.

El Plan de Cyber Safety Cop

La tecnología es un objetivo en movimiento. Se siente como que en cuanto conoces un nuevo aparato electrónico o nueva aplicación de red social, nos lanzan algo completamente nuevo. Como padre, comprendo lo difícil que es estar al tanto de la tecnología de nuestros hijos. Cuando doy consejos a padres de como involucrarse en el mundo digital de sus hijos, lo hago de manera simple, directa, y accionable. No quiero que los padres tiren las manos al aire frustrados y digan, "¡Ya no puedo!" Claro que puede, y francamente, hay demasiado en juego para no hacerlo.

El plan que estoy lanzando para usted es basado en mas de diecisiete años de experiencia oficial como Oficial de Recursos Escolares, Investigador de Jóvenes, y experto en evaluación de amenazas conductuales, también la mejor investigación actual en los efectos de uso de pantalla, redes sociales, y pornografía en cerebros adolescentes. Finalmente, este plan es basado en mas de dieciocho años como padre de dos niños, quien aun se preguntan que hicieron para terminar con el Policía de Seguridad Cibernética como su padre.

1. Educarse

El primer paso del plan del Policía de Seguridad Cibernética es de informarse sobre las amenazas comunes en línea y las soluciones. Este libro cubrirá los problemas principales como sexting, acoso, predadores, y pornografía.

Tome el siguiente paso al atender un seminario de Educando a los Padres en el Mundo Digital. Puede encontrar un seminario cerca de usted en nuestra pagina de eventos, www.cybersafetycop.com. Cuando este en nuestro sitio web suscríbase a nuestro boletín electrónico. Lo mantendrá informado cuando emerge nuevas aplicaciones o amenazas o algunos consejos parentales. También encontrara artículos útiles y contenido descargable ahí.

2. Hable con y Eduque Su Hijo

Estudio tras estudio confirma un dato importante, el factor numero uno de seguridad en la vida de un niño es que sus padres hablen con el. Este libro le proveerá las herramientas para tener una conversación impactante con su hijo sobre seguridad cibernética.

La educación de su hijo sobre seguridad cibernética es una pieza critica del plan del Policía de Seguridad Cibernética. Nosotros creamos, Aprendamos Juntos, un programa de ciudadanía digital para usted y su hijo. Las lecciones de Aprendamos Juntos en línea guiaran a su hijo a través de habilidades criticas de seguridad cibernética. Cada lección concluye con una conversación acerca del mayor punto entre padre e hijo. Prueba gratis en: www.golearntogether.com.

3. Use Controles Parentales y Filtración de Contenido

El internet es extenso y no hay fin a el contenido inapropiado para los ojos de los niños. Su hijo no necesita estar buscando problemas para encontrarlos en línea. Una búsqueda inocua puede llevar a un pequeño niño a un sitio web pornográfico extremamente dañino. Ajustes de privacidad en plataformas de redes sociales mantendrá extraños no deseados fuera de la información personal de nuestros niños y no permitirá mensajes privados. Siga las instrucciones de este libro para activar los ajustes de seguridad en su sistema de operación, buscadores, y juegos. Configurando filtros de contenido en casa es una necesidad. Esto puede ser logrado a través de su Proveedor de Internet, enrutador de Wi-Fi, o a través de servicios como www.OpenDNS.com.

4. Responsabilidad

Cuando me convertí en sargento en la agencia policial, mi Capitán me dio un valioso dicho cual me ayudo a supervisar mas de cuarenta-y-pico alguaciles, "Recibes el comportamiento que Inspeccionas No el comportamiento que esperas." Si no busca el comportamiento que desea de su hijo en el mundo digital, y su hijo sabe que no lo busca, no recibirá el comportamiento que desea. Esto requiere estrategias proactivas para estar informado de lo que ocurre en el mundo digital de su hijo.

Primero, debe conocer todos los nombres de usuario y contraseñas de todas las cuentas (redes sociales, correo electrónico, etc.) de su hijo. Inicie sesión en las cuentas de su hijo como el para supervisar la actividad. Simplemente "siguiéndolos" en sus redes sociales no permitirá ver áreas con mensajes privados o directos. También sugiero que instale una aplicación de monitoreo parental en los dispositivos móviles de su hijo. Recomendamos Bark. Monitorea activamente las diversas interacciones sociales en línea de su hijo y avisa si ve algo problemático. Utilice el código promocional de "cybersafetycop" en la compra y recibirá 15% de descuento en su suscripción en www.Bark.us

5. Crear Balance

Estudios muestran que entre mas tiempo pasan los niños en las pantallas lo peor que se sienten consigo mismos. Adolescentes se auto-reportan sentirse mas solos, tener menos amistades significativas, y ser mas propensos a lastimarse a si mismos.

El Plan de Policía de Seguridad Cibernética le ayudará en administrar el tiempo de pantalla de su hijo estableciendo límites prácticos para las noches escolares y fines de semana, y planificar tiempo familiar sin electrodomésticos.

Implementando el Plan

Si usted es padre de un niño que aun no tiene celular o redes sociales, puede configurar e introducir el plan en su totalidad a su hijo cuando le de su celular o primera cuenta de red social. Si su hijo ya tiene celular y red social y esta tratando de conseguir algo de control sobre su mundo digital, tal vez sea preferible implementar ese plan en partes pequeñas. Un programa todo a la vez podría causar shock en el sistema de su hijo y podría retroceder tanto hasta causar conflictos significativos en su hogar. Puede haber situaciones que requieren que el padre tome medidas drásticas, pero si es posible, el padre debería atentar conseguir la entrada y cumplimiento del niño siempre que sea posible.

¿Cuándo Debo Darle a mi Hijo un Celular o Red Social?

Después de una reciente charla de padres que realicé en una gran escuela primaria, una madre afligida se acercó a mí y me dijo: "Creo que cometí un grave error, prometí comprarle a mi hija de 9 años un iPhone para Navidad." Esta madre acaba de pasar por mi seminario de dos horas y ahora se da cuenta de lo que potencialmente le espera a su hija y lo que ella, como su madre, tendrá que hacer para mantenerla a salvo. Cuando un padre me pregunta cuándo deben comprar un teléfono para su hijo, yo pregunto: "¿Por qué su hijo necesita un teléfono?" ¿Son preadolescentes? ¿Los deja en eventos escolares/deportivos y va por ellos? Si es así, ¿por qué necesitan celular? O, qué tal esto: ¿Necesitan un celular inteligente? ¿Qué tal darles un celular "básico" sin acceso a Internet? Sólo algunas ideas a considerar. Estoy notando una tendencia alarmante en las escuelas que visito. Los niños más y más pequeños están recibiendo celulares y cuentas de redes sociales. Apenas en 2018, empecé a conducir asambleas de seguridad cibernética para niños de kínder a estudiantes de tercer grado. Esto es demasiado pronto para que los niños tengan un celular, y mucho menos cuentas de redes sociales. En el capítulo de tiempo de pantalla, platicare mas en el por qué dar a los niños pequeños pantallas demasiado pronto afectará negativamente su salud mental y desarrollo cerebral.

La otra pregunta común que recibo de los padres es: "¿Debo dejar que mi hijo de [llenar edad] años tenga [red social]? Este es también uno de los problemas más comunes que me encuentro al investigar el acoso cibernético o una amenaza en línea: al niño o al acosador se le dio un celular o red social demasiado pronto. Al principio de mis investigaciones de amenazas cibernéticas, me sorprendió encontrar que la mayoría de mis casos involucraban a estudiantes de primaria. De hecho, estos niños de 10 a 12 años estaban participando en esta actividad con más frecuencia que niños de secundaria y preparatoria juntos. A menudo, tanto el acosador como la víctima tenían permiso para tener sus cuentas en las redes sociales o habían creado las cuentas sin el conocimiento de sus padres.

Cada sitio de redes sociales tiene un requisito de edad mínima en su acuerdo de usuario. Yo e indicado la edad mínima para cada aplicación junto con Aplicaciones Populares, y e indicado si son seguras para los niños.

Los Acuerdos de usuario de Facebook e Instagram establecen que debe tener por lo menos trece años para abrir una cuenta. Incluso Facebook e Instagram piensan que su hijo de diez años es demasiado joven. Retaría a los padres a preguntarse: ¿Acaso trece años es suficiente para que mi hijo esté en esos sitios?

Hay dos buenas razones por las que un padre nunca debe dar a su hijo las redes sociales antes de que el Acuerdo de Usuario lo permita, y tal vez incluso esperar un poco más.

Establecer Normas y No Enviar el Mensaje Equivocado

Cuando mi hijo mayor, el pequeño Clay, tenía doce años, me preguntó: "¿Puedo tener Instagram?" Le respondí: "Clay, ¿cuál es la edad mínima para Instagram?" Él respondió: "Trece." Todos los niños saben que son trece. Le dije: "Si la edad mínima es de trece años, y tienes doce, entonces la respuesta es no." Como era de esperar, su respuesta fue: "¡Papá, todo el mundo en mi clase lo tiene!" Como no era la primera vez que oía eso antes, estaba preparado. "Clay, no estamos tomando nuestra decisión de tener Instagram basado en lo que todo el mundo está haciendo, y si esos niños vivieran en nuestra casa tampoco lo tendrían." "Clay, cuando abres la aplicación de Instagram por primera vez, te obliga a aceptar el Acuerdo de Usuario y tener al menos trece años." Clay, si presionamos en sí, ¿estamos mintiendo?" Cuando el pequeño Clay se dio cuenta a dónde iba con esto, parecía visiblemente derrotado. Él respondió menos que entusiasta, "Sí." En nuestra casa hablamos de decir la verdad, carácter e integridad. Pequeño Clay se dio cuenta de que no íbamos a comprometer nuestra integridad para obtener Instagram un año antes, sólo porque todos los demás lo tienen.

Si permitimos que un niño tenga redes sociales antes de la edad mínima, le estamos diciendo a nuestros hijos que las reglas no importan, incluso las pequeñas. Nos estamos perdiendo un momento importante para enseñar.

El cerebro de los adolescentes no está desarrollado para tomar buenas decisiones

La siguiente afirmación no sorprende a los padres, que, los jóvenes toman malas decisiones. La ciencia finalmente ha explicado el por qué. El Dr. Jay Giedd del Instituto Nacional de Salud Mental (National Institute of Mental Health) en Bethesda, Maryland, escaneó los cerebros de 145 niños normales y saludables en intervalos de dos años. El Dr. Giedd descubrió que un área del cerebro, llamado la corteza prefrontal, parece desarrollarse antes y a lo largo de la pubertad y no madura sino hasta que la persona alcanza alrededor de los 25 años de edad.[1] La corteza prefrontal se ubica justo detrás de la frente y es responsable del pensamiento racional y la toma de decisiones. A medida que va madurando la corteza prefrontal, los adolescentes pueden razonar de mejor forma, desarrollar un mayor control sobre sus impulsos y hacer mejores juicios.[2] La investigación también ha descubierto que en la toma de decisiones durante los años de la adolescencia, mientras que la corteza prefrontal aún está desarrollándose, se produce un cambio en el sistema límbico del cerebro. El sistema límbico del cerebro está involucrado con las reacciones instintivas ("gut"), incluyendo respuestas de "pelear o huir" ("fight or fly"). Esos estudios sugieren que mientras que los adultos pueden utilizar procesos racionales en la toma de decisiones para navegar a través de decisiones emocionales, los cerebros de los adolescentes no cuentan todavía con las herramientas necesarias para pensar las cosas de la misma manera.[3] Por ejemplo, en la escuela un compañero de clase envía, una publicación ridiculizante en Instagram burlándose de los zapatos de Jimmy, a cientos de compañeros de la

Próximos Pasos

- Antes de comprarle un teléfono a su hijo, pregúntese: ¿Cuáles son las situaciones en las que mi hijo necesitaría un teléfono celular?

- ¿Cuál es la póliza de la escuela acerca de llevar un teléfono celular al plantel escolar o usar un teléfono celular durante el horario escolar?

- Para niños menores, considere darles un teléfono sencillo ("flip phone") sin acceso al internet.

- Antes de que le proporcione un teléfono celular a su hijo, asegúrese de activar los controles parentales.

- Considere instalar una aplicación, de notificación y monitorización parental, en el teléfono celular de su hijo.

- Revise con su hijo el dispositivo móvil y el Acuerdo para usuarios antes que él comience a utilizarlo.

escuela para que la vean y comenten. Un adulto observa esta situación y rápidamente la desestima por considerarla una tontería infantil. Sin embargo, la inmadura corteza prefrontal de Jimmy podría no ser capaz de afrontar esta situación calmadamente. La emoción de sentirse avergonzado podría prevalecer, lo cual empuja a Jimmy a atacar verbalmente en Instagram. La conclusión y la implicación debe ser clara: Estamos dándoles a nuestros hijos, quienes no tienen la habilidad para tomar buenas decisiones, la oportunidad de destruir sus reputaciones en un medio permanente como es el internet.

El Problema Con Redes

Cuando usted piensa en medios sociales, estoy dispuesto a suponer que lo primero que se le viene a la mente son Facebook e Instagram. Si solo nos fijamos en Facebook e Instagram, que son dos de las plataformas sociales más populares a nivel mundial, estaríamos limitando grandemente la definición y estaríamos dejando de lado a todos los otros lugares en los que se comunican los niños.

Una definición más amplia e inclusiva de los medios sociales debería ser:

Un medio social es cualquier dispositivo o aplicación que permite al usuario comunicarse con otra persona.

Ojalá que esta nueva definición de los medios sociales abra sus ojos a un mundo más amplio. Estos dispositivos y aplicaciones son realmente solo portales para otras personas. El portal puede ser un salón de charlas con cámaras web, con gente extraña o algo tan inocuo como Palabras con Amigos (Words with Friends). Para que los padres puedan vigilar apropiadamente las redes sociales de sus hijos, primeramente, ellos deben darse cuenta que los medios sociales no solo existen en los teléfonos inteligentes (smart phones), en tabletas y computadoras, sino que existen en un mundo totalmente nuevo de redes sociales que son creadas constantemente y se van expandiendo.

El problema con los medios sociales

Los medios sociales y la tecnología socialmente integrada en ellos son objetivos en movimiento. Hoy en día, la aplicación del medio social más popular podría ser rápidamente reemplazada el día de mañana por un nuevo competidor.

Después de investigar por años el acoso cibernético y otros crímenes relacionados con los medios sociales, he rastreado y detectado que en las raíces de todas las amenazas en las redes sociales se presentan dos problemas básicos, inherentes, en casi todas las plataformas de los medios sociales.

Problema #1
Los niños pueden comunicarse y conocer a personas fuera de la esfera de influencia y control de sus padres.

Mis instructores de Policía de Seguridad Cibernética y yo viajamos a todo el país y hablamos con miles de padres cada año. Preguntamos a los padres: "¿Dónde está el lugar más seguro para su hijo?" Sin falta, siempre dicen, "Hogar." La razón por la que creen que su hogar es el lugar más seguro para su hijo es porque era cierto para ellos, antes de que hubiera Internet. Antes de Internet, cuando un niño llegaba a casa por la noche, cerrando la puerta detrás de ellos, sus padres sabían que estaban a salvo. La puerta física y las paredes de su casa eran una barrera física para mantener el mundo exterior fuera. Hoy, cuando su hijo vuelve a casa y la puerta se cierra detrás de ellos, el mundo exterior ya no está bloqueado. El niño conectado a Internet puede sacar su teléfono, conectarse a su aplicación favorita de red social y comunicarse con casi 3.5 billones de personas en línea.

Problema #2

Los niños y adultos pueden comunicarse anónimamente sin ninguna responsabilidad, eliminando la inhibición natural o el miedo a ser atrapados.

Los adolescentes de hoy están sentados en sus habitaciones con dispositivos móviles en sus manos. Tienen internet y acceso a las redes sociales literalmente a la mano. Nuestro adolescente conectado a las redes sociales está compartiendo detalles íntimos con potencialmente 3.5 billones de personas en Internet. Internet sin supervisión y sin filtrar dejará a un niño vulnerable a amenazas y ataques para los que los padres y niños no están preparados.

Problema #3

Los niños creen que su mundo digital y su mundo real son dos mundos diferentes porque se sienten diferentes.

Esta declaración parece obvia a primera vista, pero en realidad es más complicada de lo que parece. Es la clave para entender por qué los niños toman decisiones tan malas en línea cuando pueden ser niños con buenos modales y buena cabeza en vida real. Yo educo a decenas de miles de estudiantes cada año en auditorios escolares de todo Estados Unidos. Mi objetivo principal es que los estudiantes se den cuenta de que su mundo digital y el mundo real son el mismo mundo.

Cuando he investigado acoso cibernético o amenazas en línea, entrevisto a estudiantes que enviaron un mensaje que luego lamentaron. Siempre les pregunto: "¿Le dirías esto a su cara (de la víctima)?" Cada uno de ellos dice lo mismo, "No, yo no lo habría hecho." Entonces, ¿por qué está pasando esto? Es simple. Mirar una pantalla se siente diferente a mirar a alguien cara a cara. Todos los grupos de estudiantes en mis presentaciones admiten que esto es cierto. Si todos sabemos que esto es cierto, entonces debemos empezar a actuar de manera diferente. Confrontar a los alumnos con esta verdad les ayudará a comenzar el proceso de elegir comportarse de manera diferente en línea. Amenazar a alguien en persona es un crimen. Amenazarlos en línea es el mismo crimen. Como padres y educadores, necesitamos involucrarnos con los niños para convencerlos de que su mundo digital y su mundo real son los mismos porque tienen las mismas consecuencias.

Próximos Pasos

- Tome un inventario de todos los aparatos electrónicos en casa o en la vida de su hijo y vea cómo se conectan al internet (p. ej.: Wi-Fi, línea de cables, celulares, o una combinación).

- ¿Los dispositivos móviles de su hijo tienen controles parentales?

- ¿Puede su hijo comunicarse con otras personas con este dispositivo móvil? ¿Cómo se comunica (p. ej. a través de texto, una cámara o con voz)?

- ¿Las personas con las que se comunica su hijo pertenecen a un grupo definido de gente que usted conoce (es decir, un servidor privado de Minecraft tan solo para amistades) o extraños?

- ¿Puede usted filtrar o bloquear en el dispositivo móvil la habilidad para comunicarse con otros? Por ejemplo, algunos juegos le permiten a usted cancelar la función para charlar (chat) o puede usted desconectar el micrófono para desactivar la comunicación con voz (voice-over-IP chat)?

Reputación en Línea y Privacidad

Los adolescentes comparten todo. Ellos quieren que todos sepan cómo se sienten en sus vidas, una nueva canción, su tarea de ciencias, fotos de ellos mismos, a dónde van a estar con sus amigos o posiblemente cuando están haciendo algo inapropiado. Los padres necesitan estar al tanto de lo que sus hijos están compartiendo en sus redes sociales, cómo esto afecta su reputación digital y las consecuencias a largo plazo.

Cuando los padres permiten a su hijo tener acceso a los medios sociales, ellos deberían ayudar a que su hijo establezca una reputación digital positiva. El beneficio adicional, al crear y mantener una reputación digital positiva, es poder encontrar una vía positiva para canalizar la creatividad de su hijo, su servicio comunitario o su espíritu empresarial.

Claves para formar una reputación digital positiva

Sea selectivo con lo que publique en línea. Usted debe publicar solo información con la que usted se sienta completamente cómodo que otros la vean. Yo les digo a los estudiantes: "Antes que presiones el botón de enviar, pregúntate a ti mismo, '¿Si yo coloco este mensaje o imagen a un lado del autobús y lo manejo alrededor de la ciudad con mi nombre en él, me sentiría yo avergonzado?' Si la respuesta es sí, entonces no lo envíes. Busca oportunidades para publicar información que te encaminará a forjar una reputación que te hará sentir muy orgulloso a tí y a tus padres. Aléjate del uso de palabras, símbolos o imágenes de violencia, pistolas y armas de todo tipo, alcohol, drogas, material pornográfico o sugestivo, lenguaje inapropiado y comentarios derogativos o racistas."

Es permanente

Una vez que usted publique algo en el internet, ya no le pertenece más. Puede ser copiado, ser reenviado en cualquier otro lado y ser utilizado con algún propósito no intencionado. Esto es verdad, usted puede borrar lo que ha publicado en sitios de medios sociales, pero con frecuencia, antes de que esto pueda llevarse a cabo, otros han tomado ya una fotografía de pantalla (screen shot) a lo que usted ha publicado y lo han guardado en su dispositivo para publicarlo después.

La privacidad es una ilusión

Una publicación o mensaje privado nunca es verdaderamente privado. Las aplicaciones de los medios sociales, que proclaman borrar su contenido después de ser leído por el destinatario del mensaje (p. ej. Snapchat), son fácilmente eludidas o evitadas. Yo he investigado personalmente muchos incidentes en los que el remitente pensaba que la comunicación era privada y después se dio cuenta que el mensaje había sido compartido con otros.

Manejando su reputación digital

Realice, periódicamente, búsquedas en línea de su nombre y sobrenombre o apodo (nickname) y vea lo que aparece. No use solamente un mecanismo de búsqueda, sino una variedad de ellos. Si usted encuentra fotografías poco favorecedoras de sí mismo bórrelas o solicite que las remueva a la persona que las publicó. Sus amigos podrían estar etiquetándolo a usted en imágenes y publicaciones con las que usted no tiene nada que ver. Vigile cómo es que otras personas están usando su nombre.

Privacidad

Toda aplicación o plataforma de medios sociales debería proporcionar una "configuración de privacidad" (privacy setting). Una configuración de privacidad permite que el usuario decida quién puede leer el texto, ver las imágenes o videos, que publica en su red social. Muchas redes sociales como Facebook o Instagram tienen dos opciones de privacidad: privada o pública. Una configuración de privacidad es como si se tratara de la puerta principal de ingreso a su casa. Si su red social está establecida como "privada," entonces su puerta está cerrada y bajo llave. Alquien que desee ingresar a su casa tiene que tocar su puerta delantera. Usted observa a través de la mirilla para decidir si usted desea que esa persona ingrese. Si a usted le parece que es alguien conocido o alguien en quien puede confiar, usted le abrirá la puerta. Si a usted le parece que es alguien desconocido, la puerta permanecerá cerrada. Si su configuración de privacidad está fijada como pública o abierta, entonces es como si su puerta estuviera completamente abierta, como una invitación para que cualquiera ingrese.

Su hijo no debería tener un seguidor que él o usted no lo conozca (es decir, él y sus seguidores deben tener una relación cara a cara en la vida real). Una comunicación clara con su hijo es fundamental para ayudarlo a que él tome las decisiones correctas en línea. Usted puede usar los siguientes puntos de conversación para educar a su hijo cuando le exprese usted con claridad cuáles son sus expectativas de privacidad en línea.

Use Redes Sociales para Bien

La reputación en línea de un estudiante importa. Bueno o malo, puede tener efectos duraderos en su futuro. Una encuesta de 2016 realizada por Kaplan Test Prep a 400 oficiales de admisión a la universidad mostró que el cuarenta por ciento dice que trata de aprender más sobre los candidatos mirando sus perfiles en línea en los sitios de redes sociales. El treinta-y-siete porciento de los oficiales de admisiones descubrieron algo negativo.

Según el sitio web de asesoramiento profesional "The Muse," el setenta-y-nueve porciento de los reclutadores de empleo dicen que examinarán la presencia de un candidato en línea antes de tomar una decisión. El setenta porciento dice que ha rechazado a un candidato después de ver algo negativo en internet.

Hablo con estudiantes y padres de todo Estados Unidos sobre seguridad cibernética y gestión de reputación digital. Cuando pides a un estudiante ejemplos de cómo puedes dañar tu reputación digital, pueden dar muchos ejemplos, algunos de experiencia personal. Cuando pido sugerencias sobre cómo pueden mejorar su reputación digital, me encuentro con miradas en blanco y silencio incómodo. En general, los estudiantes no tienen idea de cómo construir una buena reputación digital, y sus padres no son de mucha ayuda.

Aquí hay una manera en que un padre puede ayudar a su hijo a desarrollar una buena reputación digital, y es muy fácil.

Paso 1. Ayude a su hijo a identificar una causa o caridad que les apasiona o que puede ser apasionada. Despues, busque una organización que apoye esa causa y publique actualizaciones en las redes sociales.

Pida a su hijo que "siga" una de las fuentes de redes sociales de la organización benéfica (Facebook, Instagram, Twitter, etc.).

Paso 2. Pida a su hijo que comparta (vuelva a publicar) las publicaciones de la organización benéfica en su red social. Pueden incluir un comentario personal sobre cómo se sienten acerca de lo que la caridad está haciendo.

Paso 3. Anime a su hijo a encontrar maneras de apoyar a la organización benéfica de otras maneras. Si es una organización benéfica local, vaya y ofrezca ser voluntario con ellos, o ayude a recaudar fondos en su vecindario.

Paso 4. Cuando amigos de su hijo muestren interés en su causa, invítelos a ayudar a difundir información y ser voluntarios.

Les digo a los estudiantes de mi taller, esto hará tres cosas:

Una, te verás bien con cualquier persona de tu red y futuras universidades o reclutadores de negocios.

Dos, estarás bien. Ser voluntario y servir a los demás tiene un efecto increíble en quién eres como persona. Te vuelves menos ensimismado y empiezas a pensar primero en los demás.

Tres, ayudarás a otros a ser mejores. El beneficiario de la organización benéfica (por ejemplo, personas sin hogar de un banco de alimentos, o animales rescatados en un refugio, etc.) se beneficia cuando usted ofrece voluntariamente su tiempo. Y cuando reclutas a tus amigos para que te ayuden, multiplicas tus esfuerzos. Es una situación de victoria a ganar y ganar.

Tiempo de Pantalla

El internet y los medios sociales son maravillosos avances tecnológicos. Hoy más que nunca antes tenemos la habilidad de saber más acerca del mundo y sobre otros puntos de vista. Las plataformas de medios sociales como Instagram y Snapchat se han convertido en una parte integral en la vida de muchas personas. Mucha gente joven, llamados a menudo los Nativos Digitales, nunca han conocido un mundo sin una constante conectividad con el internet y entre ellos. Mientras este hecho representa grandes oportunidades para el aprendizaje y la creatividad, de otro lado, un creciente cuerpo de evidencias está generando preocupaciones acerca de implicaciones potenciales que afectan la salud psicológica y social de nuestros jóvenes.

Diariamente los adolescentes pasan hasta nueve horas en las plataformas sociales,[1] mientras que el 30% de todo el tiempo utilizado en línea está dedicado ahora a la interacción social.[2] Y la mayoría de ese tiempo transcurre haciendo uso de un dispositivo móvil. Se piensa que la adicción a los medios sociales afecta a alrededor del 5% de los jóvenes,[3] y los medios sociales son descritos como elementos más adictivos que los cigarrillos y el alcohol.[4]

De acuerdo con un nuevo informe de la Sociedad Real para la Salud Pública del Reino Unido (Royal Society for Public Health - RSPH), una institución caritativa e independiente enfocada en la educación para la salud, un creciente número de investigaciones sobre nuestros jóvenes sugieren que los medios sociales están contribuyendo al desarrollo de problemas de salud mental, tales como, la ansiedad, la depresión, la privación del sueño, y de problemas relacionados con la imagen corporal. El informe combinó, la investigación publicada previamente sobre el impacto de los medios sociales, con una encuesta propia que realizó a cerca de 1,500 personas entre las edades de 14 a 24 años. La encuesta preguntó a los encuestados cómo es que las diferentes redes sociales –Instagram, Facebook, Snapchat, YouTube y Twitter – afectaron su salud tanto de forma positiva como negativa. La encuesta les preguntó acerca de sus sentimientos de ansiedad, conexión con la comunidad, sentido de identidad, sueño, imagen corporal, entre otros. Los encuestados dijeron que en las redes de los medios sociales de Instagram y de Snapchat, en donde ellos pasaban la mayor parte de su tiempo, estos los hacían sentir menos seguros, más ansiosos y menos felices sobre quiénes son y cómo se ven. En cambio, algún medio social como YouTube, estaba asociado más cercamente con la creatividad y una expresión positiva de sí mismo.

Como padres tenemos que entender los problemas que están enfrentando nuestros hijos en su mundo digital, y cómo hacer que ellos participen en formas que fomentarán un estilo de vida seguro y saludable. Como ya veremos más adelante, la respuesta se centra en buscar un "balance." Todos nosotros sabemos que el internet y los medios sociales no van a irse a ningún lado. En realidad, podemos esperar la aparición de nuevas tecnologías que presentarán nuevas formas de medios sociales en nuestras vidas que aún no hemos considerado (p.ej., Alexa, quien es la nueva asistente personal de Amazon). Lograr un balance es donde los padres se esfuerzan. Después de pasar años trabajando con familias, como un investigador de menores, investigando miles de casos de problemas relacionados con la cibernética, he llegado a la conclusión de que un internet sin filtros, sin supervisión, es uno de los lugares más peligrosos en los que puede estar su hijo. También estamos aprendiendo que el acceso libre, sin restricciones, a este medio tiene implicaciones duraderas en la salud mental. Una vez que entendamos cómo es que los medios sociales están impactando la salud mental de nuestros hijos, pasaremos a ver las estrategias que ayudarán a traer de regreso un balance en sus vidas.

Desarrollo Cerebral Deteriorado

Un estudio de 2019 publicado en el Journal of American Medical Association escaneó los cerebros de niños de 3 a 5 años (47 niños sanos en el cerebro – 27 niñas y 20 niños) y encontró que aquellos que usaban pantallas más de la hora recomendada al día sin la participación de los padres tenían niveles más bajos de desarrollo en la materia blanca del cerebro - un área clave para el desarrollo del lenguaje, literatura, y habilidades cognitivas.

Probablemente ha oído hablar de la materia gris del cerebro. La materia gris contiene la mayoría de las células cerebrales que le dicen al cuerpo qué hacer. La materia blanca se compone de fibras, típicamente distribuidas en paquetes llamados tractos, que forman conexiones entre las células cerebrales y el resto del sistema nervioso. El blanco nos encarga de organizar la comunicación entre las distintas partes de la materia gris del cerebro.

La falta de desarrollo de esos "cables" puede disminuir la velocidad de procesamiento del cerebro; por otro lado, los estudios muestran que leer, hacer malabares o aprender y practicar un instrumento musical mejora la organización y estructura de la materia blanca del cerebro.

Los resultados de la resonancia magnética (MRI) mostraron que los niños que usaban tiempo de pantalla más de lo que la Academia Americana de Pediatría (AAP) recomendaba (una hora al día sin interacción parental) tenían una materia blanca más desorganizada, subdesarrollada en todo el cerebro.

"El tiempo promedio de pantalla en estos niños era poco más de dos horas al día. El rango era de aproximadamente una hora a poco más de cinco horas," dijo el autor principal, el Dr. John Hutton, pediatra e investigador clínico del Hospital infantil de Cincinnati. Además, las extensiones de materia blanca responsables de las funciones ejecutivas también fueron desorganizadas y subdesarrolladas.

"Estas son pistas que sabemos que están involucradas con el lenguaje y la literatura," dijo Hutton, "Y estas fueron las relativamente subdesarrolladas en estos niños con más tiempo de pantalla. Así que los hallazgos de imágenes se alinearon bastante perfectamente con el hallazgo de pruebas cognitivas conductuales."

La ansiedad y la depresión

Uno de cada seis jóvenes experimentarán un trastorno de ansiedad en algún momento en sus vidas, y en los pasados 25 años los índices identificados con la ansiedad y depresión en los jóvenes se ha incrementado en un 70%.[5] Las investigaciones sugieren que los jóvenes que son grandes usuarios de los medios sociales – aquéllos que pasan más de dos horas diarias en los sitios de redes sociales como Facebook, Twitter o Instagram – son los que reportarán con mayor probabilidad una salud mental pobre, incluyendo una angustia psicológica (síntomas de ansiedad y depresión).[6] Las falsas expectativas establecidas por los medios sociales pueden llevar a que los jóvenes tengan sentimientos de timidez, baja autoestima y un afán de perfeccionismo que pueden manifestarse como trastornos de ansiedad.[7] También se ha demostrado que el uso de los medios sociales, particularmente el estar operando múltiples cuentas de medios sociales simultáneamente, está ligado a síntomas de ansiedad social.[8]

El sueño

Por mucho tiempo la comunidad médica ha sabido de la conexión existente entre el sueño y la salud mental. Una salud mental pobre puede conducir a un sueño escaso, y el sueño escaso puede conducir a una salud mental pobre.[9] Pregúntele a cualquier padre o madre de un recién nacido. La necesidad de contar con un sueño de calidad es esencial para todos, pero, es crítica para los adolescentes y el desarrollo de su cerebro.[10] El cerebro aún no está totalmente desarrollado sino hasta que una persona llega más allá de los 25 años, y durante la adolescencia, el cerebro se encuentra en un proceso violento de desarrollo cognitivo.[11] Un número creciente de estudios ha mostrado que el uso incrementado de los medios sociales tiene una asociación significativa con la pobreza en la calidad de sueño de la gente joven.[12] El fijar la mirada en una pantalla iluminada, como es el caso de los teléfonos celulares, laptops (computadoras portátiles), y tabletas, justo antes de irse a la cama también está relacionado con una pobre calidad de sueño. La exposición a las luces LED antes de dormir puede interferir y bloquear los procesos naturales en el cerebro que provocan los sentimientos de somnolencia, así como la liberación de la hormona del sueño; es decir, la melatonina. Esto significa que se toma más tiempo para quedarse dormido, y es así como los individuos terminan durmiendo menos horas cada noche.[13] La falta de sueño y la inversión emocional en los medios sociales también han dado como resultado sentimientos exasperantes de ansiedad, depresión, y baja autoestima.[14]

La imagen corporal

La percepción de la imagen corporal es una verdadera preocupación tanto para los jóvenes como las jovencitas, especialmente para las adolescentes y las jóvenes adultas. Lamentablemente, nueve de 10 jovencitas adolescentes dicen que se sienten descontentas con sus cuerpos.[15] Al haber mensualmente alrededor de 200 millones de usuarios activos de Instagram, quienes están cargando diariamente 60 millones de fotos nuevas, los jóvenes cuentan con un sinúmero de oportunidades para compararse con otros en línea basándose en las apariencias.[16] Un estudio también encontró que después de pasar tiempo en Facebook, las jovencitas expresaron un deseo intensificado de cambiar la apariencia de sus rostros, cabellos y/o piel.[17]

Un estudio del año 2016 encontró una fuerte evidencia intercultural que vincula el uso de los medios sociales con las preocupaciones por la imagen corporal, la auto-objetivación, el impulso nocivo hacia la delgadez y un descontento general por la composición corporal actual.[18] Las asociaciones de cirujanos plásticos han reportado un crecimiento en el número de individuos más jóvenes que optan por tener una cirujía cosmética para lucir mejor en las fotos. Alrededor del 70% de jóvenes entre los 18 y 24 años de edad consideraría la posibilidad de hacerse una cirujía cosmética.[19] El hecho que un adolescente se compare a sí mismo con una foto en una revista de celebridades, y que se compare con una imagen en el Instagram de un amigo son formas de comparación fundamentalmente diferentes. Cuando la gente joven se compara con celebridades, se siente como una comparación de manzanas con naranjas. Después de todo, piensa el adolescente, esta es una celebridad; ellos son diferentes a mí, y el lograr esa apariencia o alcanzar esa posición es como un tipo de fantasía. Pero cuando ese mismo adolescente mira la imagen en el Instagram o Snapchat de un compañero, se siente como una comparación de manzanas a manzanas. Ellos se quedan pensando, "¿Por qué es que no puedo ser así de delgado, o, por qué es que no puedo tener tanta diversión?" Por consiguiente, su autoestima y la percepción sobre su imagen corporal sufre, incluso conduciéndolo a la depresión.[20] Para contrarrestar estos efectos peligrosos, los padres deben ayudar a que sus hijos encuentren un balance saludable en sus actividades en línea.

El plan para recuperar el balance en su hogar

1. Establezca prioridades

Una vez que su hijo llegue a casa, de regreso de la escuela, establezca las prioridades sobre las tareas que él debe terminar. Pueden incluirse entre ellas las tareas escolares, practicar un instrumento musical y posiblemente llevar a cabo quehaceres domésticos. Estas tareas deben completarse primero antes de encender las pantallas de entretenimiento (esto es, la TV, Xbox, viendo Instagram, etc.). Si usted tiene un niño que necesita tomar descansos durante las sesiones para hacer su tarea (yo tengo ese tipo de niño), entonces busque una actividad física que pueda cubrir ese tiempo. Las investigaciones han demostrado que los movimientos físicos estimulan al cerebro. Yo personalmente cuelgo un columpio dentro de mi cochera. Mi hijo salta en el columpio por unos minutos, y luego vuelve a hacer su tarea. Algunas veces su hijo acabará la tarea momentos antes de irse a acostar. Esto no debe significar que él pueda quedarse despierto una hora adicional, para poder tener algún tiempo frente a la pantalla, antes de irse a la cama. Esto nos lleva a establecer límites.

2. Establezca límites

Quizás el establecer límites de tiempo para estar frente a una pantalla es una de las cosas más difíciles que los padres tienen que afrontar. El tiempo frente a una pantalla se define como el tiempo dedicado al uso de medios digitales con el propósito de entretenimiento. Otros usos de los medios, tales como hacer tareas en línea, no se consideran como tiempo frente a una pantalla.

Basándome en mi experiencia personal, y en las historias en común compartidas por miles de padres con los que he conversado, he podido observar que entre más temprano usted establezca estas pautas, usted gozará de tiempos más fáciles de llevar. Si usted está tratando de imponer un límite de tiempo frente a la pantalla, a un adolescente después que él ha gozado tener acceso ilimitado a las pantallas por años, espere algunas acciones de rechazo. Usted estará sorprendido al ver y oir las reacciones irracionales de un niño cuando usted simplemente apaga las pantallas. Usted podría preguntarse si esa es una señal de adicción. La última edición del Manual de diagnóstico y estadística de transtornos mentales (Diagnostic and Statistical Manual of Mental Disorders, DSM-V) actualmente incluye a la adicción al internet como un transtorno que requiere mayor estudio e investigación. Sin embargo, si su hijo sufre un colapso emocional porque usted le limitó el acceso a la pantalla, no sienta pánico. Yo diría que esta es una reacción normal de un joven que pasa una cantidad de tiempo no saludable en el internet, hecho que francamente incluye a la mayoría de los niños. Si usted observa una intensificación en el comportamiento que no se calma después de un día o dos, yo le sugeriría ponerse en contacto con su pediatra para preguntarle su opinión acerca de si su niño necesita ser referido a un psiquiatra. En una publicación informativa del sitio web del Centro Nacional de Biotecnología (National Center for Biotecnology) un estudio conducido por el Departamento de Psiquiatría para Adultos de la Universidad de Medicina de Polonia, mostró que la adicción al internet era vista como algo muy común entre la gente joven, especialmente en niños. En realidad, uno de cuatro niños es adicto al internet. Esta es una estadística alarmante que requiere ser abordada a la brevedad posible.[21]

¿Cuánto tiempo es mucho tiempo para pasar frente a una pantalla? Hoy en día, en un mundo rodeado por medios digitales 24/7, es difícil definir el tiempo frente a una pantalla. La Academia Americana de Pediatría (American Academy of Pediatrics, AAP) ha establecido alguna vez un límite general de tiempo frente a una pantalla: no más de dos horas frente al televisor, para niños mayores de 2 años de edad. En el año 2016, la AAP publicó en el "Informe Técnico sobre los Niños y Adolescentes y los Medios Digitales," una nueva guía actualizada para padres sobre el tiempo frente a una pantalla. La Dra. Yolanda Reid Chassiakos, autora principal del informe dijo: "Ya no tiene sentido el hacer una afirmación generalizada (de dos horas) para el tiempo frente a una pantalla… Para algunos niños, dos horas podría ser mucho." La academia recomienda que para niños de 2 a 5 años de edad, el tiempo frente a una pantalla debería ser limitado a una hora diaria. Para niños de 6 a más años, los padres pueden establecer las restricciones sobre el tiempo que pasen utilizando una pantalla, así como vigilar los tipos de medios digitales que usen sus niños. Los bebés son más vulnerables a las pantallas. La academia indica que los bebés de 18 meses o menos no deberían estar expuestos a ningún medio digital.[22]

Mi experiencia trabajando con miles de adolescentes y sus padres sugiere que dos horas es usualmente una cantidad suficiente de tiempo de pantalla con fines de entretenimiento. Yo recomiendo enormemente que el tiempo frente a una pantalla debiera de acabar de 30 minutos a una hora antes del tiempo para acostarse. Existen muchas investigaciones que indican que el estar mirando una pantalla brillante antes de acostarse interferirá con un buen descanso nocturno. En un estudio publicado recientemente por Tim Smith de la Universidad Birkbeck en Londres (Birkbeck University of London), los bebés y los niños pequeños que pasan más tiempo frente a un dispositivo de pantalla táctil duermen menos de noche. En promedio, por cada hora que un niño se pasa con un smartphone o una tableta duerme 26 minutos menos por la noche, y alrededor de 10 minutos más de día, lo que da un total de 16 minutos menos de sueño total. El uso de la pantalla táctil está también ligado a un incremento en el tiempo que les tomó a estos niños quedarse dormidos.[23]

Las aplicaciones móviles como Parental Board de 4parents.com ayudan a limitar el tiempo frente a una pantalla al permitir que un padre pueda echar llave o apagar el teléfono del niño en horas específicas a lo largo del día, eliminando así la tentación del niño a utilizarlo cuando se considera que ellos no deberían de hacerlo, tal como por ejemplo durante el horario de clases en la escuela o antes de acostarse.

3. Cene en familia y tenga zonas libre de pantallas

Establezca e imponga zonas libre de pantallas en su casa. La mesa del comedor es un gran lugar por donde empezar. En efecto, hay muchas investigaciones que muestran que el fijar reglas sobre zonas libres de pantallas, libres de distracciones, y comer juntos sentados en la mesa, tienen un asombroso beneficio psicológico en sus hijos. Las cenas familiares son oportunidades en las cuales la familia completa se sienta a comer sin tener dispositivos móviles que sirvan de distracción (p.ej. teléfonos celulares, televisores, laptops, etc.). Un estudio del año 2014, publicado en el Journal of the American Medical Association Pediatrics, hizo la siguiente pregunta: ¿Las cenas familiares tienen algún impacto en la salud mental de un niño o en la posibilidad de que sufra un acoso cibernético? El estudio midió cinco problemas de interiorización de la salud mental (ansiedad, depresión, daño autoinflingido, pensamiento suicida e intento suicida), dos problemas de externalización (enfrentamientos y vandalismo), y cuatro problemas relacionados con el uso de substancias (uso frecuente del alcohol, frecuentes borracheras, uso indebido de medicamentos bajo prescripción médica y uso indebido de medicina sin receta médica). Este estudio se basó en una muestra nacional de 26,069 adolescentes entre los 11 y 15 años de edad. El Dr. Frank Elgar, profesor de McGill University en Montreal, Canadá, descubrió que "Existe una relación entre el hecho de compartir cenas familiares con mayor frecuencia y el tener un número menor de problemas emocionales y de comportamiento, un mayor sentimiento de bienestar, mejores comportamientos que demuestran confianza y ayuda a otros y mayor satisfacción en la vida." Los investigadores encontraron los mismos efectos positivos del tiempo compartido en la cena familiar sobre la salud mental de los jóvenes, sin importar el género, la edad y sin considerar si ellos podían o no podían conversar fácilmente con sus padres.[24]

Uno de los hallazgos más sorprendentes y alentadores de este estudio fue el hecho de que la mayor frecuencia en cenas familiares se traducía aún en mayores beneficios para los niños. "Nos sorprendíamos al encontrar efectos tan consistentes en cada resultado que estudiábamos," dijo Elgar. "De no tener ninguna cena juntos a comer juntos siete noches por semana, cada cena adicional se relacionaba con una mejora significativa en la salud mental." ¿Qué es lo que está pasando aquí? No es magia, y no tiene que ver con el masticar los alimentos. Realmente se trata de hacer o buscar tiempo para conversar con sus hijos. La cena es un tiempo conveniente porque ellos de forma predecible van a sentir hambre y tienen que dejar de hacer cosas para comer. Y cuando lo hacen, es su oportunidad como padres para preguntarles: ¿Cómo te va…qué está pasando con tus amigos?"[25]

El tiempo familiar compartido ofrece a los padres oportunidades de poder enseñar – es un tiempo en el que los padres pueden servir de ejemplo y educar a sus hijos en una variedad de habilidades para la vida, tales como, cómo enfrentar problemas, cómo saber resistir, así como conversar sobre los comportamientos positivos de salud y opciones nutricionales. El tiempo compartido juntos en familia permite que los adolescentes expresen sus preocupaciones a los padres y se sientan valorados y todos estos son elementos conducentes a mantener una buena salud mental en los adolescentes.

Algunos padres me dicen que ellos tienen problemas para tener una conversación con sus hijos al comer en la mesa. En mi casa, nosotros tenemos un frasco que contiene temas o preguntas para iniciar una conversación y lo colocamos en la mesa a la hora de cenar. Cada miembro de la familia saca una pregunta del frasco y conduce la conversación basada en una pregunta divertida que está escrita en su tarjeta. Algunas de las preguntas son divertidas, como por ejemplo: "¿Qué es lo más divertido o extraño que te pasó el día de hoy?" o dime, "Si tú fueras el director de tu escuela, cambiarías algo? ¿Qué es lo que cambiarías?" En el internet pueden encontrar un sinúmero de frases o preguntas para iniciar una conversación durante la cena familiar, buscando simplemente: "preguntas en la cena familiar." Yo les recomiendo que visiten el sitio web de The Family Dinner Project (El Proyecto de la Cena Familiar) en www.thefamilydinnerproject.org, en donde podrán ver todas las grandes ideas que tienen para enriquecer su tiempo para cenar con la familia.

4. Participe más

Sarah, la madre de un adolescente de 13 años, me envió un correo electrónico contándome su experiencia cuando por primera vez apagó las pantallas en su casa. Su hijo James la miró confundido y le preguntó: "¿Qué debo hacer ahora?" Ella se sorprendió al ver que su hijo no sabía qué hacer en un mundo sin pantallas. Sarah me dijo que ella estuvo perpleja. Ella recordó que cuando joven nunca tuvo que preguntar a sus padres qué debía hacer para mantenerse ocupada. Era algo que ella simplemente hacía y se sentía muy feliz de hacerlo.

Parece que nuestros hijos "nativos de la era digital" no son tan buenos para saber llenar su tiempo no estructurado con otras actividades como nosotros solíamos hacerlo a sus edades. La juventud de hoy depende mucho de los dispositivos electrónicos para entretenerse y consumir su tiempo. Ellos pueden necesitar un poco de ayuda y dirección. Obviamente, cuanto más temprano empecemos a hacer esto con nuestros hijos, será más fácil para nosotros poder hacerlo.

Como resultado, usted podría encontrarse pasando más tiempo de calidad con su adolescente. Yo tengo dos hijos. Al menor le gusta estar fuera de la casa, haciendo tiros a la canasta de básquet, y montando su scooter con sus amigos alrededor del vecindario. A mi hijo mayor le gusta estar dentro de la casa, y si él pudiera elegir estaría frente al televisor todo el día. Como ven, uno de ellos se esfuerza y participa más que el otro. Los dos no podrían ser más diferentes, pero he encontrado una actividad que todos gozamos hacer juntos. Nos entretenemos jugando juegos de mesa de fantasía y ciencia ficción. Estos son divertidos, juegos en cooperación que requieren el uso de la imaginación y de estrategias, con personajes de zombis, extraterrestres, superhéroes y soldados, que coinciden con los tipos de personajes de la TV y de los géneros de películas que más les gusta ver a mis hijos.

5. Cargue el dispositivo móvil de su adolescente, por la noche, en su dormitorio.

Cuando sus hijos se van a dormir, saquen los dispositivos móviles fuera de sus dormitorios y cárguelos en su propia habitación. Tener dispositivos electrónicos en el dormitorio, después que se apaguen las luces, es una distracción que no permite gozar de un buen descanso nocturno. Muchos adolescentes me han informado que el solo hecho de tener un dispositivo electrónico en sus dormitorios, sobre todo uno que saben que no deberían usar, les causa ansiedad. Ellos saben que lo tienen allí y quieren enterarse de lo que está sucediendo. Ellos sufren una condición conocida como FOMO: el temor de no enterarse de algo (Fear of Missing Out). Es imposible para ellos dejar a un lado el sentir, de momento a momento, la ansiedad que produce el temor de no estar enterándose de algo que sus amigos están compartiendo. Elimine la tentación así como la fuente de ansiedad de los dormitorios de sus hijos. Yo recomiendo a los padres que no coloquen televisores, ni computadoras, ni consolas de juegos electrónicos en las habitaciones de sus hijos. En mis seminarios les digo a los padres: Un dormitorio es un lugar tranquilo para meditar, leer un buen libro y dormir – debería ser un lugar en donde la mente y el cuerpo de su hijo puedan relajarse y descansar.

6. Use los medios sociales como una herramienta para promover la caridad, las causas sociales o las actividades extracurriculares.

Enséñele a su hijo que el tener una voz es algo poderoso. Utilice los medios sociales para lograr e inspirar a otros hacer el bien hacia los demás. Haga que su hijo promueva en sus redes sociales actividades como la recaudación de fondos, reuniones de servicio comunitario, reuniones del club o equipo de deporte al que pertenece.

7. Los "likes" no deben igualarse al autoestima.

Cuando un adolescente publica una imagen en su red social, obtiene una respuesta inmediata en la forma de decir "me gusta" ("likes") o recibir comentarios positivos. Las investigaciones han demostrado que una vez que el cerebro del adolescente ha vinculado un comportamiento con un premio o recompensa, continuará buscando ese premio una y otra vez. Converse con su hijo acerca del por qué está publicando imágenes. ¿Es porque quieren compartir algo de lo que se sienten orgullosos o es para obtener la aprobación o validación de otros?

8. Sea usted la persona que desea que su hijo sea.

Tome momentos de descanso dejando de usar la tecnología y participe en actividades con su hijo. Utilizar los juegos de mesa y compartir un tiempo estructurado en actividades familiares son oportunidades que no tienen precio. Muestre usted a su hijo que tiene una vida fuera del contexto de los medios sociales. Nuestros hijos imitan más lo que nosotros hacemos que lo que nosotros simplemente decimos.

9. No tema ser la persona mala.

Elabore un plan y manténgalo. Fijar límites es esencial para la seguridad y el bienestar de su hijo. No se sorprenda al sentir que su hijo lo presione después que usted implemente estas nuevas reglas. Recuerde que estas normas o pautas ayudarán al desarrollo de las habilidades sociales y personales de su hijo.

Crear Un Plan Familiar de Medios

Las siguientes guías y recursos le ayudarán a crear un plan multimedia funcional y saludable para todos los miembros de su hogar.

Bebés

La AAP recomienda que ningún bebé menor de 18 meses de edad debe estar expuesto a los medios de pantalla, aparte de chatear en video con amigos y familiares. Los bebés necesitan interactuar con los cuidadores y su entorno y no ser colocados frente a una pantalla.

Niños Pequeños

La AAP dice que la interacción de los niños pequeños con los medios de pantalla sólo debe hacerse con su cuidador. El factor principal para facilitar la capacidad de un niño pequeño para aprender de videos de bebés y pantallas táctiles interactivas, según los estudios, es cuando los padres miran con ellos y reaprenden el contenido. La cantidad de uso de medios de pantalla debe ser muy limitada, menos de una hora al día.

Preescolares

Los niños de 3 a 5 años pueden beneficiarse de programas de televisión de calidad, como "Plaza Sésamo," dice la AAP. Un espectáculo bien diseñado puede mejorar las habilidades cognitivas de un niño, ayudar a enseñar palabras e impactar su desarrollo social.

La AAP advierte que muchas aplicaciones educativas en el mercado no se desarrollan con el aporte de especialistas en desarrollo y pueden hacer más daño que bien cuando llevan a un niño lejos de la hora de juego con cuidadores y otros niños.

Y al igual que los niños pequeños, los preescolares aprenden mucho mejor de cualquier material educativo cuando son vistos con el cuidador e interactúa con el niño sobre el material.

Seis Años y más Allá

La AAP tiene herramientas para calcular el tiempo de medios de su hijo y luego establecer un plan de medios familiares. Visite su sitio web para ayudar a estructurar un plan, www.healthychildren.org/English/media.

Dos horas de pantallas no educativas por día es un buen objetivo. Establezca un horario y explique claramente sus expectativas de cuándo es el tiempo de pantalla y no está bien en su casa. Por ejemplo, las pantallas deben excluirse de los horarios de comida, especialmente durante una cena familiar o el tiempo de uso compartido de la familia. Cuando le explique a su hijo por qué desea limitar el tiempo de pantalla (para ellos, el tiempo de pantalla es la parte favorita de su día), dígale la razón. Hable con ellos sobre el increíble desarrollo y crecimiento que está sucediendo en su cerebro, y cómo ese desarrollo sólo puede ocurrir una vez. A medida que envejecen, el desarrollo cambia y se ralentiza. Sus primeros años son críticos para hacer un cerebro fuerte y saludable.

Explotación Sexual en Línea

En diciembre del año 2014, los padres de una niña de 10 años reportaron al Departamento de Policía de Cleveland su preocupación que unos depredadores sexuales habían contactando a su hija a través de su iPad.

El uso del iPad era para hacer el trabajo escolar, pero una vez que se instalaron las aplicaciones de medios sociales como Snapchat y Skype, el tableta se convirtió en un portal a un mundo peligroso. Después que su mamá le permitió el uso no supervisado del iPad por casi un mes, cuando la mamá revisó el dispositivo, se quedó horrorizada al ver que 16 hombres habían intentando manipular a su hija en situaciones sexuales.

La estudiante de 10 años de edad fue contactada primero por un hombre, a través de Snapchat, y este después de hablar sobre cosas que le interesarían a una niña de 10 años, cambió el tema de la conversación hacia el sexo. El número de depredadores que estuvieron contactando a su hija se incrementó en un corto tiempo. Los depredadores que tratan de explotar sexualmente a niños, con el propósito de producir pornografía infantil, con frecuencia comparten esa pornografía o el acceso al niño con otros depredadores. El depredador utilizó un libro de texto acerca del uso de los medios sociales como método para manipular y explotar a esta niña.

El anonimato y la naturaleza global del internet hacen que su uso por los depredadores sexuales sea una amenaza predecible, aunque la mayoría de los padres no son conscientes del peligro que estos representan para sus niños. En este caso, los pedófilos problablemente residían fuera del país, lo que dificulta su identificación y poder llevarlos a juicio. Los policías detectives del Departamento de Policía de Cleveland están trabajando con Snapchat y Skype con la esperanza de poder capturarlos.

La joven víctima les dijo a muchos de los hombres que ella tenía 10 años de edad, pero esto solo los animó a que le pidieran imágenes explícitas. Uno de los depredadores le rogó a la niña que se desvistiera y le enviara imágenes y videos mostrándose desnuda. El le rogó diciéndole: "Abre tu cámara bebé ... por favorcito a mí me gusta el sexo. ¿Cuál es el problema acaso no te interesa el sexo?" Otro de los hombres no identificados le ofreció transferirle dinero a la niña de 10 años, para que así pudiera viajar para encontrarse con él.[1]

La historia de esta niña, desafortunadamente, no es la única. Todos los días, niños en nuestra comunidad son seleccionados como víctimas, atrapados y manipulados por un mundo de explotación sexual. Estos niños son atraídos y algunas veces sufren coerción física por venderse a sí mismos por sexo. A esto se le llama tráfico de humanos. Se trata de una forma de esclavitud en tiempos modernos, sin las cadenas ni los grilletes de hace un siglo; es algo real y está sucediendo en nuestras narices. Una comunidad que dice: "Nosotros no tenemos ese problema," es una comunidad que se está engañando a sí misma. ¿Cómo es que estos traficantes y rufianes logran tener acceso a sus hijos? Usted no los ve transitando por las calles de su vecindario. Ellos no lo necesitan hacer. Ellos son invitados en la vida de su hijo, en su hogar, y en las conversaciones más privadas e íntimas de su hijo a través del internet y de los medios sociales.

Sextorsión

Un padre me contactó recientemente con una historia horrible y desgarradora sobre su hija de octavo grado. Era una historia que había estado sucediendo durante la mayor parte de un año, y él sólo estaba aprendiendo de ella. Su hija, Kelly, durante su 7° año, envió una imagen de sus pechos descubiertos a su novio. La relación terminó y la imagen que pretendía que sólo una persona viera era compartida con los demás.

En su último día de 7° grado, Jason, un niño de su escuela, la clavó contra la pared y agarró sus pechos por la fuerza. Kelly lo empujó. Jason sonrió y dijo: "¡Si se lo dices a alguien, enviaré la foto desnuda que tengo de ti a todo el mundo!" Kelly estaba aterrorizada en silencio.

Podía oír la tristeza y la tensión en la voz de su padre. Sintió que le falló por completo a su hija. Notó un cambio en Kelly después del ataque. Describió a Kelly como "la niña de papá." Ella salía con él y su esposa, charlaba con ellos sobre la escuela y sus amigos, pero algo cambió. Ahora ya sabe por qué. El verano después del evento, ella se retiró, lo evitó y pasó mucho tiempo en su habitación en su celular. Pensó que estaba "pasando por una fase." Escuchó a las adolescentes a veces hacer esto y quería darle espacio. Mirando atrás ahora, se da cuenta de que su comportamiento recluso eran señales de advertencia de que estaba en una crisis. Algo andaba muy mal, y el se sentía horrible de no haberse dado cuenta. Kelly estaba ansiosa y deprimida. Tenía el sentimiento diario de que le iba a pasar algo terrible. Fue agredida, violada y luego avergonzada en silencio. Era como si un gran peso estuviera apretado alrededor de su pecho y arrastrándola bajo las olas. Dijo que a veces se sentía difícil respirar.

Kelly fue a una nueva escuela para el octavo grado. Pensó que tal vez la horrible experiencia del 7° grado y Jason estaba detrás de ella. Al instalarse en su nuevo salón de clases, levantó la vista y vio a Jason. Allí estaba, de pie en su clase en su nueva escuela. ¿Cómo puede ser esto? Sintió que el gran peso la apretaba de nuevo, tirando de ella hacia el fondo de un pozo de desesperación. Jason se acercó a su escritorio, lo golpeó con la cadera y se burló. Kelly fue transportada de vuelta al momento en que Jason la clavó contra la pared tres meses atrás se sintió atrapada y no sabía qué hacer.

Después de semanas de Jason acosando e intimidando a Kelly, finalmente se rompió. Kelly fue a la oficina del consejero escolar en un colapso total, y fue entonces cuando contó su historia. La consejera llamó a los padres de Kelly y reveló lo que Kelly le había dicho. Estaban siendo leídos en el capítulo final de una historia horrible que su hija estaba protagonizando, pero la historia está lejos de terminar.

El padre de Kelly estaba abrumado, luchando contra la tensión emocional de una niña herida y sus sentimientos de culpa y fracaso. No ayudar y proteger a su hija. "No tenía ni idea de lo que estaba pasando," me dijo. Ese verano, Kelly estaba enviando mensajes de texto de un lado a otro con una amiga que había presenciado el ataque de Jason. Kelly estaba tratando de lidiar con la experiencia lo mejor que pudo con su amiga. El teléfono de Kelly estaba fuera del alcance de sus padres. El padre de Kelly dijo que deseaba no haberla dejado vivir esto sola. Deseaba haber visto sus mensajes en Instagram. Le dije que si podía hacerlo. Le expliqué cómo hacer esto por teléfono. También demuestro cómo hacerlo en mi seminario para padres.

Él y su esposa ahora están luchando por su hija. Recomendé asesoramiento profesional para Kelly, así como reportar el incidente al distrito escolar y a la policía. Kelly tiene padres amorosos y comprometidos.

Tengo plena confianza en que trabajarán con éxito a través de esto con su hija. El padre de Kelly me dijo que él y su esposa ahora serán parte del mundo digital de su hija.

La sextorsión puede ocurrir de otras maneras. Puede suceder a grandes distancias. Una imagen íntima compartida con un extraño puede abrir la posibilidad de extorsión. En un famoso caso de 2012, Amanda Todd, una estudiante canadiense de 15 años, mostró impulsivamente sus pechos a una cámara web durante un chat web anónimo. Uno de los espectadores anónimos capturó la imagen y amenazó con enviar la foto a todos los que conocía en Facebook a menos que "volviera a la cámara y pusiera un programa para él." Ella se negó, y él siguió adelante con su amenaza. La policía acudió a su casa para informarle de que la foto de sus pechos circulaba por Internet. El 7 de Septiembre de 2012, Todd publicó un video de YouTube de 9 minutos titulado "My Story: Struggling, bullying, suicide and self-harm," que la mostró usando una serie de tarjetas para contar sus experiencias siendo acosada. La publicación del video se volvió viral después de su suicidio el 10 de Octubre de 2012.

Yo muestro el video de Amanda Todd en mi seminario para padres, "Educando a los Padres en un Mundo Digital." No hay muchos ojos secos en la audiencia cuando termina el video. Es desgarrador. La madre de Amanda es ahora una defensora y habla públicamente contra el acoso y la explotación sexual, pero desea desesperadamente saber lo que estaba pasando en el mundo digital de su hija. En mi presentación como padre, les digo a los padres: "No esperen la llamada telefónica. No esperen las malas noticias. El denominador común para casi todos los casos de abuso en línea es un Internet sin filtrar y sin supervisión." La buena noticia es que los padres pueden filtrarlo y supervisarlo. No tiene que ser un técnico profesional para hacerlo. La gran mayoría de los incidentes en línea que he investigado a lo largo de los años podrían haber sido manejados por un padre SI supieran lo que estaba pasando antes de que se saliera de control.

Depredadores en Línea

En mi seminario de Cyber Safety Cop para padres, les pregunto a ellos dónde piensan que es el lugar más seguro para sus hijos. Siempre escucho la misma respuesta: la casa. Generalmente, los padres sienten temor que sus hijos anden sin supervisión fuera del hogar. La preocupación general entre ellos es pensar en la posibilidad de que sus hijos tomen contacto con alguien que ellos no conocen – alguien peligroso. Aunque esta posibilidad existe, el índice de crímenes violentos, en todo el país, ha disminuido significativamente en los últimos veinte años. La probabilidad que un adolescente tome contacto físico con un depredador sexual en su propio vecindario, y aún más, que sea raptado en la calle, es muy baja. Cuando volvemos a ver la imagen de un niño solo sentado en la seguridad de su dormitorio, vemos ahora algo nuevo. El niño sentado en su cama tiene ahora un dispositivo móvil con acceso al internet y a los medios sociales. Nuestros adolescentes conectados a los medios sociales no solo están expuestos a la gente en el vecindario, o a la población de los EE.UU., sino a casi 3.5 billones de personas en todo el internet. Esto se traduce en la posibilidad que millones de depredadores sexuales tengan acceso a sus hijos en sus propios hogares.

Las plataformas de los medios sociales son lugares en donde los depredadores pueden acosar activamente a niños, pero hay otros sitios web en donde esperan pasivamente que los niños tropiecen en ellos. Los salones para charlar de sitios web pornográficos o sitios web para anuncios clasificados son todos lugares en donde los depredadores están esperando que los niños curiosos los exploren. Backpage es un sitio web popular para publicar anuncios clasificados en línea, en segundo lugar, después de Craiglist. Una jovencita, esperando ser "descubierta" como una modelo o por su talento musical, podría responder a uno de muchos anuncios publicitarios en Backpage que afirma ser un lugar legítimo en búsqueda de talentos. Estos anuncios no son legítimos ni seguros y han sido la fuente que ha causado que menores hayan sido asaltados sexualmente y traficados en la industria comercial del sexo. Las jovencitas que van a estas fiestas o a lugares en búsqueda de talentos están cayendo, sin saberlo, en trampas muy bien elaboradas. En estos eventos, el "agente" o el "promotor del evento" está creando una situación en donde estas niñas son forzadas a tener sexo con hombres. La coerción se intensifica con el consumo de alcohol y drogas, lo cual disminuye las inhibiciones lo suficientemente como para manipular a las víctimas para que acaten sus órdenes.

Estos traficantes no son el tipo de persona que usted podría esperar que sean. Ellos pueden presentarse en distintas formas. Muchos rufianes y traficantes emplearán a otros estudiantes, como los compañeros de su hijo, como reclutadores. Ellos pueden ir más allá y colocar a un reclutador en la escuela, una persona que parezca sofisticada y que hable sobre las fiestas más divertidas a las que ella asiste, fiestas que en la realidad están pobladas por depredadores en búsqueda de víctimas muy jóvenes. Es mucho más probable que una jovencita vaya a una de estas fiestas si ella es invitada y acompañada por otra de sus compañeras de clase.

Los padres de la niña de 10 años de Cleveland creyeron que habían tomado todas las medidas razonables para protegerla. En el iPad de su hija, ellos habían activado algunas de las configuraciones de control parental para filtrar el contenido. Desafortunadamente ellos no hicieron lo suficiente. En este capítulo, trazaré un perfil de cómo es que los depredadores están usando los medios sociales para explotar a niños, y le ofreceré algunas medidas de seguridad, muy razonables, para que mantenga seguros a sus hijos.

Para empezar, debemos saber quién es nuestro enemigo y conocer sus capacidades. El depredador o pedófilo en línea se mantiene relacionado en la red con millones de otros individuos, con mentes muy similares a la suya, quienes comparten sus técnicas y experiencias. Ellos saben cómo identificar a las víctimas más vulnerables y qué técnicas utilizar con los niños para forzarlos a que les envíen sus imágenes o videos desnudos. En algunos casos, un pedófilo experimentado puede manipular al niño, establecer una relación, y hacer que el niño se reúna o se escape con él voluntariamente.

Para mantener a su hijo seguro, fuera del alcance de estos depredadores, necesitamos tener un conocimiento básico de cómo operan:

1. Los depredadores en línea buscan a los niños que son emocionalmente vulnerables o niños que parecen tener una vida familiar inestable. Los padres deben ser conscientes que todo niño es potencialmente vulnerable, sin importar su composición familiar o nivel socio-económico. No obstante, hay algunos factores de riesgo que incrementan la condición de peligro del niño. Los más vulnerables son los niños que viven en un hogar destrozado, niños que se han escapado de sus hogares, o quienes están bajo el Sistema de Bienestar Infantil (Child Welfare System). Estos niños comparten en los medios sociales, con toda libertad, sus pensamientos, sentimientos, gustos y aversiones. No le toma mucho tiempo al depredador descubrir quién está teniendo problemas en casa o problemas en relaciones fundamentales en sus vidas.

2. El depredador escucha atentamente al niño y este simpatiza con él. Estos depredadores son manipuladores hábiles y los niños que seleccionan como víctimas no tienen la madurez o experiencia

en la vida para contrarrestar sus avances. Ellos le dicen al niño lo que éste desea oir, no lo que necesita oir. Cuando un adolescente se lamenta porque su padre o madre no lo deja salir por una semana, el depredador le dice que su padre o madre está equivocado o es un estúpido, y que él debería tener libertad de hacer lo que desee. El depredador empieza a establecer una relación de "nosotros en contra de ellos" y crea así una brecha entre el niño y sus padres.

3. El depredador intensifica su relación con el niño y lo seduce. La fase de seducción, dentro del proceso de manipulación, es fundamental para que el pedófilo tenga éxito. El depredador mantiene cada vez una relación más estrecha con el niño al darle más atención, adulación, afecto, cariño y hasta regalos. El depredador hará sentir al niño como alguien especial. La selección inicial de la víctima es muy importante para esta fase. Los niños emocionalmente vulnerables se sienten ansiosos por ser amados y aceptados. El pedófilo sabe que a un niño, manipulado apropiadamente y atendido cuidadosamente, no le importa si él es mayor. Uno de los aspectos de mayor peligro es que él hace sentir que la relación parece ser valiosa, especial, para que de esta manera el niño, su víctima, oculte la relación de sus padres.

4. El depredador introduce el sexo en la conversación. La introducción del sexo en la conversación puede ocurrir gradual o rápidamente, dependiendo de la progresion de la tercera fase. Al llegar a este punto, el depredador no tiene que forzar al niño para que le envíe imágenes desnudas o se encuentre con él.

Tráfico de Humanos

El tráfico humano muchas veces pasa desapercibido, aún en el caso de individuos que interactúan con una víctima en forma regular. El reconocimiento de las "señales de peligro," puede ayudar a alertar a los padres, al personal administrativo escolar, y al personal escolar sobre situaciones de tráfico humano. El Departamento de Seguridad Nacional (Department of Homeland Security, DHS) ha identificado señales de advertencia cuando un adolescente es víctima del tráfico humano.[2] Reconocer estas señales es el primer paso para identificar a las potenciales víctimas, pero es importante resaltar que pueden haber explicaciones inocentes para algunas de estas señales y la existencia de un solo indicador no es necesariamente prueba del tráfico humano.

Comportamiento o estado físico:

- ¿Tiene el niño ausencias injustificadas en la escuela o ha mostrado, con regularidad, inhabilidad para asistir a la escuela?

- ¿De manera repentina ha cambiado el niño su forma usual de vestir, su comportamiento o sus relaciones?

- ¿Cuenta el niño repentinamente con más (y/o más caras) posesiones materiales?

- ¿El niño se escapa de la casa crónicamente?

- ¿Está el niño actuando con temor, ansiedad, deprimido, sumiso, tenso o nervioso y paranoico?

- ¿Hace el niño que otra persona hable por él, especialmente al interactuar con personas de autoridad (esta situación puede incluir la participación de un adulto descrito por el niño como un familiar o también puede tratarse de un amigo o novio)?

- ¿Muestra el niño señales de abuso físico y/o sexual, de represión física, de aislamiento, o señales de algún otro dolor o sufrimiento serio?

- ¿Se le ha privado al niño de alimentos, agua, sueño, cuidado médico, o de otras necesidades básicas de la vida?

- ¿Tiene el niño, en sus propias manos, sus documentos personales de identificación (p.ej. tarjeta de identificación estudiantil, licencia de conducir o pasaporte), o están en manos de otra persona?

Comportamiento social:

- ¿Tiene el niño una "novia," notoriamente, mayor que él?

- ¿Está el niño mostrando un comportamiento promíscuo, no característico, o está haciendo referencias a situaciones sexuales, o usando terminología que va más allá de lo específicamente apropiado para su edad?

- ¿Puede el niño contactarse libremente con sus amigos, familiares, o tutor legal?

¿Qué debo hacer si sospecho que ALGUIEN es víctima del tráfico humano?

Esta información proviene del sitio web del Departamento de Seguridad Nacional (Department of Homeland Security, DHS): Si usted sospecha que una persona podría ser víctima del tráfico humano, por favor, llame a la línea para recibir indicios o información de Investigaciones de Seguridad Nacional al 1-866-347-2423 (24 horas al día, 7 días a la semana, en más de 300 idiomas y dialectos) o envíe los detalles de su sospecha, por correo electrónico, al sitio web www.ice.gov/tips.

Usted también puede llamar al Centro Nacional de Recursos para el Tráfico Humano (National Human Trafficking Resource Center) al 1-888-373-7888 para recibir ayuda o poder conectarse con un proveedor de servicios en su área. Este centro es operado por una organización no gubernamental y no es considerada como una autoridad encargada de inmigraciones o del cumplimiento de la ley.

El personal no encargado del cumplimiento de la ley no debe intentar confrontar directamente a un sospechoso del tráfico humano o rescatar a una posible víctima. Hacerlo pondría en riesgo su seguridad así como la de la víctima. Al tratar de informar inmediatamente a las fuerzas de la ley acerca de sus sospechas, usted puede ayudar en forma segura al rescate de la víctima y al desmantelamiento de la operación de tráfico humano.

Si los adminitradores y el personal escolar tienen sospechas de un incidente de tráfico humano, ellos deberán seguir el protocolo establecido por el distrito escolar para tales casos. Las escuelas que no cuentan con tales protocolos en curso deben considerar adoptar un protocolo formal sobre cómo identificar los indicadores e informar acerca de los casos de sospecha a las autoridades que se dedican al cumplimiento de la ley. Su protocolo debe ser desarrollado en colaboración con los líderes del distrito escolar y las autoridades federales y/o locales dedicadas al cumplimiento de la ley; o los proveedores de servicios de salud mental, bienestar para niños, servicios para las víctimas; y otros socios apropiados de la comunidad. (DHS.gov, 2015)

El Departamento de Seguridad Nacional (DHS) ofrece capacitaciones gratuitas en línea sobre la Concientización acerca del tráfico humano en el sitio web: www.dhs.gov/xlibrary/training

Sexting

El dedo de Rachel se cernía nerviosamente sobre el botón de envío. Ella miró fijamente la foto que tomó para Jeremy, su primer novio de verdad, debatiendo si debía enviarla. En el 6to grado, parecía que todas las chicas populares estaban "enganchadas" con los niños. Rachel estaba tratando de encajar, y Jeremy era tan lindo. Todos sus amigos dijeron que tuvo suerte de "estar con él." La noche después de que declararon oficialmente que estaban saliendo, Jeremy envió un mensaje de texto. "Envíame una foto tuya [emoji de cara guiñando un ojo]." Rachel respondió: "¿Qué tipo de foto?" Jeremy dijo: "En tu ropa interior... Sólo para nosotros [emoji de corazón]." Rachel sabía de otras tres chicas que habían enviado "desnudos" a sus novios e incluso lo presumieron más tarde. Pensó, No es tan importante, ¿verdad? Rachel se quitó la camisa, se paró frente al espejo y tomó una foto sólo para Jeremy. Su dedo se cernía sobre el botón de envío un momento más hasta que se dijo a sí misma, no seas tan bebé. Apretó el pulgar hacia abajo en el botón de envío, una decisión que nunca pudo recuperar.

Me llamaron a la escuela una semana después de que Rachel le enviara su imagen íntima a Jeremy. La noche que Jeremy recibió la foto de Rachel, la reenvió a tres de sus amigos. Rachel descubrió que la foto había salido cuando uno de los amigos de Jeremy se acercó a ella después de la clase y le pidió un "desnudo." Cuando Rachel dijo que no haría nada así, dijo: "¡Sé que sí lo haces! Vi la foto que enviaste a Jeremy." Rachel fue a la oficina del consejero sollozando. Se sintió traicionada y asustada.

Entrevisté a Jeremy y a sus tres amigos. La imagen de Raquel no fue más allá de los cuatro. Acordaron eliminar la foto. Los vi borrar la imagen de sus teléfonos y de la nube. Esperaba que no hubiera otras copias, pero no había manera de estar seguro. Los padres de Rachel estaban más que aturdidos. Describieron a su hija como tímida e introvertida. "Ella no es ese tipo de niña," me dijo la madre de Rachel. Les expliqué a los padres de Rachel cuando un niño está mirando una pantalla y no a otra persona, las inhibiciones desaparecen. Rachel no es esa "chica" en el mundo real, pero en el mundo digital, todo es posible. Aunque las fotos fueron borradas, el daño a la reputación de Rachel estaba hecho. Rachel fue implacablemente acosada por sexting. Jeremy se volvió contra ella y dijo que lo metió en problemas cuando le dijo a la escuela que estaban sexteando. Un mes después, los padres de Rachel transfirieron a Rachel a una nueva escuela.

Ojalá la historia de Rachel fuera única. No lo es. Me he sentado al otro lado de la mesa de demasiadas Rachels y sus equivalentes masculinos. Los niños son tan propensos a sextear igual como las niñas, y por lo tanto son igual de propensos a ser dañados.

¿Qué es "Sexting?"

El sexting es el intercambio electrónico de contenido sexualmente sugerente o explícito en mensajes, fotografías, o videos, entre al menos dos personas.

Para la mayoría de los adolescentes, "sexting" es una forma normal de interactuar con sus compañeros. He preguntado a miles de adolescentes en mis presentaciones de seguridad cibernética sobre sus percepciones de sexting. La creencia general es que "todo el mundo lo está haciendo," especialmente cuando estás "saliendo con" alguien. ¿Qué dicen los datos? El 54% de los adolescentes menores de 18 años admite haber enviado mensajes sexualmente sugerentes o fotos inapropiadas. Sabemos que el 53% de los adolescentes que sextea son niñas, mientras que el 47% son niños. Uno de cada 5 adolescentes ha enviado o publicado fotos o videos desnudos o semidesnudos de sí mismos. Casi el 20% de los adolescentes han reportado haber sido reenviados una imagen o video que no estaba destinado a ellos, con más de la mitad de esos adolescentes admitiendo reenviarlo a más de una persona.

¿Cuándo Debo Hablar Con Mi Hijo Sobre Sextear?

Usted debe hablar con su hijo acerca de sexting y el envío de otras imágenes / videos inapropiados tan pronto como usted les dé un celular. Por favor, no espere hasta que encuentre algo en su celular o a que ocurra un incidente. La forma en que usted habla con su hijo sobre este tema puede cambiar en función de su edad, pero esta es una conversación que viene con recibir un celular. Un niño pequeño sin interés en enviar un desnudo podría, sin culpa propia, obtener una solicitud de una imagen explícita o recibir una foto sin su permiso. Sin importar su edad, necesitan un plan para enfrentar las realidades de su mundo digital.

¿Cómo Hablo Con Mi Hijo Sobre Sextear?

Como siempre, mantenga la calma y no sermoneé. Cuando estaba en el Equipo de Negociación de Rehenes para mi agencia de policía, aprendí una poderosa técnica que solía obtener comprensión y cumplimiento de aquellos que tal vez no estuvieran interesados en cumplir - hacer preguntas y ser un buen oyente activo. Su tono debe denotar un deseo de saber lo que piensa su hijo. No debería sonar como una prueba. Al hacer preguntas, no solo tiene la oportunidad de comprender algunas percepciones de su hijo, sino que los está invitando a ser parte de la solución. Intente preguntar:

*   ¿Por qué algunos niños se sextean? ¿Qué tan importante es?

*   ¿Hay maneras más seguras de mostrar a alguien que confías y te preocupas por ellos?

*   ¿Crees que una foto publicada en internet permanecerá privada y anónima para siempre?

*   ¿Cómo podría afectar ese tipo de imagen a uno o a su futuro?

Hacer preguntas y escuchar es una técnica que deberíamos usar cada vez que estamos teniendo conversaciones difíciles con nuestros adolescentes. Ayuda a reducir la volatilidad emocional que viene con algunas de estas discusiones. Cuando termine su charla con su hijo, deje una puerta abierta. Esta no es una conversación única. A medida que su hijo madure y comience a explorar diferentes relaciones, el tema de sextear volverá a aparecer. Asegúrese de que su hijo sepa que puede venir a usted cuando necesite hablar. También debe darse cuenta de que tal vez no sea la persona con la que se sientan más cómodos hablando de esto. Considere acercarse a otro adulto de confianza (por ejemplo, pastor juvenil, entrenador, etc.) o a un consejero profesional para que sea una caja de resonancia para su hijo.

El objetivo final de su discusión es cambiar la forma en que su hijo piensa acerca de sextear y hacerle considerar las consecuencias a largo plazo de su comportamiento. Un desafío es que la parte de toma de decisiones de su hijo de su cerebro, la corteza prefrontal, que tiene en cuenta las consecuencias a largo plazo, no se ha desarrollado completamente. La corteza prefrontal no se desarrolla completamente hasta los finales de los veinte años de una persona. Mientras que la corteza prefrontal todavía se está desarrollando, los adolescentes confían en el centro impulsivo de búsqueda de placer de su cerebro para tomar decisiones. En el momento emocionalmente cargado cuando un adolescente decide tomar y enviar una foto desnuda, es posible que no sea capaz de hacer una pausa y considerar las consecuencias. Sabemos que hablar con los niños sobre tomar buenas decisiones hace la diferencia, así que no se rinda.

Los siguientes son temas que debe cubrir cuando usted está hablando con su adolescente sobre sextear.

Sextear Podría Ser Un Crimen

Las imágenes desnudas o parcialmente desnudas de menores pueden ser un crimen. Podrían considerarse pornografía infantil. Aunque las leyes estatales varían, en algunos estados el intercambio de fotos desnudas de menores también se considera un delito grave - incluso cuando las imágenes se toman y se comparten de manera consensuada. El 61% de los adolescentes no se dan cuenta de que el sexting se considera pornografía infantil. Dijeron que, de haber sabido, probablemente los habría disuadido de sextear.

Una Imagen Enviada Pertenece A todos

Comience discutiendo con su hijo que nunca podrá recuperar la imagen una vez que se envíe. La imagen está ahí para siempre, y no tiene control sobre lo que le pasa. Pregúntele a su hijo cómo se sentiría si sus amigos, maestros, padres o toda la escuela vieran la foto. Cuando se comparte una imagen íntima con otros, el adolescente en la foto podría ser intimidado, expuesto a depredadores sexuales, y en riesgo de chantaje.

Hable Sobre Las Presiones Para Enviar O Pedir Fotos Reveladoras.

Hágale saber a su hijo que puede llegar un momento en que alguien le pida una imagen íntima. Digales que no importa cuán significativa sea la presión social, la posible humillación social puede ser cientos de veces peor. Después de haber terminado de enseñar una asamblea de seguridad cibernética en una escuela secundaria, un par de estudiantes se me acercaron para compartir sus propias experiencias. Una estudiante de 11 años me dijo: "Un niño de mi clase me envió un mensaje de texto una noche y me pidió un desnudo. No sabía qué decir, así que me reí y dije que tenía que irme. Desde entonces, me ha preguntado unas cuantas veces más. No sé qué decir." Le respondí: "Sé directa. Dile que me respeto demasiado para hacer eso, y si me respetas, no volverás a preguntar." Sonrió, dijo "gracias" y huyó a su siguiente clase. Ayudar a nuestros hijos a tener estrategias de cómo lidiar con estas cuestiones siempre es una buena idea.

Tenemos que hablar con nuestros hijos, especialmente con nuestros niños, acerca de pedir fotos íntimas de otros, incluso de personas en relaciones. La petición "casual" es muy preocupante para mí. ¿De dónde saca un niño la idea de que pedirle a una chica una imagen desnuda está alguna vez bien? ¿De dónde saca una chica la idea de que necesita darle a un niño una foto íntima de sí misma para demostrar que está en una relación? Creo que la prevalencia de la pornografía y su creciente normalización en nuestra cultura es el núcleo de esta cuestión. Como aprendiste en mi capítulo sobre pornografía, casi un tercio de los chicos de la escuela secundaria dijeron que veían porno al menos una vez al mes o más, y el 29% dijo que el porno en línea era la fuente más útil de información sobre el sexo. ¿Qué está enseñando el porno a nuestros chicos sobre sexo, amor, y relaciones? El porno les enseña que las mujeres no son seres humanos; son cosas. Puedes hacer lo que quieras con ellas. Eso incluye cosas que son dolorosas, humillantes, e incluso violentas. La mujer en el video actúa como si fuera placentero, así que el niño que mira piensa que así es como tratas a una mujer; esto es lo que ella quiere.

La petición de una imagen desnuda no es más que el intento de llenar un deseo sin fin de porno nuevo y emocionante. Hay una total falta de respeto y empatía en tal petición. No están pensando en lo que podría pasar con la reputación de una persona si esa imagen sale a la luz. Tenemos que empezar por abordar el porno en la vida de su hijo. Hable con ellos sobre el efecto perjudicial que tiene en sus vidas el de ver porno y cómo el porno puede deformar nuestra percepción de una relación saludable. Tenga conversaciones francas con sus adolescentes sobre la presión de pedir y enviar imágenes desnudas. Haga preguntas para obtener información sobre las percepciones de su hijo adolescente sobre el sextear. Pregúnteles sobre los posibles peligros y consecuencias de enviar un mensaje sexualmente sugerente a extraños o a alguien que conozcan. Una vez que tengan una comprensión clara de los riesgos para el remitente, pregúnteles si es seguro o justo pedirle a alguien que cree una foto íntima y se la envíe.

No Reenvíes Imágenes Inapropiadas.

Su hijo podría recibir un sexto no solicitado. Es muy común que los estudiantes reciban estos acompañados con un mensaje como, "¿Puedes creer que esta es Jenny?" o "Acabo de recibir esto, ¿también lo recibiste?" Hable con su hijo adolescente acerca de esta posibilidad y lo que deben hacer si alguna vez les sucede. Si alguien les envía una foto, debe eliminarla inmediatamente. Es mejor ser parte de la solución que el problema. Reenviar imágenes que constituyen pornografía infantil es un delito, por no mencionar el daño que causará al sujeto de la foto. La imagen probablemente fue compartida sin su permiso, y al reenviarla, ahora es parte de una cadena de abusos. Digale a su hijo adolescente que está bien decir que no si alguien le pide que reenvíe una imagen. Muchas personas son presionadas por sus amigos, especialmente chicos, para compartir imágenes desnudas de sus novias o novios. Puede ser difícil soportar esta presión. Pídale a su hijo adolescente que piense en cuánto podría lastimar a su novia/novio el ceder a la presión.

Consecuencias De La Reputación

Recibí un correo electrónico de un recién graduado universitario que estaba solicitando trabajos y puesto de interno. Estaba ansiosa y esperanzada de comenzar el siguiente capítulo de su vida en una carrera que le apasionaba. Tenía entrevistas prometedoras, pero estaba recibiendo correos electrónicos de rechazo. Se enteró de que una búsqueda en Google de su nombre reveló un sitio web que tenía una foto desnuda de ella. Esta era una foto que le había dado a su exnovio cuando todavía estaban saliendo. Se puso en contacto con el sitio web y les exigió que retiraran la imagen. Se ofrecieron a eliminar la imagen por $5000. Me preguntó si la policía podía ayudar. El sitio web fue alojado en otro país. Las leyes estadounidenses no pudieron ayudarla a eliminar la foto. Ella preguntó si lo eliminarían si les pagaba el rescate. Le dije que no lo sabía. Es posible que puedan tomar su dinero y luego pedir más. Ella no tenía influencia ni recurso en esta situación. Este es un caso de porno de venganza, que es ilegal en varios estados, pero nuestras leyes tienen poca influencia en entidades extranjeras.

Vivimos en un mundo donde la mayoría de los comités de becas universitarias y las empresas revisan las redes sociales públicas de sus solicitantes o los resultados de búsqueda de Google. Los riesgos potenciales a largo plazo son reales. Vale la pena considerar la probabilidad de que una imagen no permanezca privada.

Qué Hacer Si Descubre Que Su Hijo Adolescente Está Sexteando

Mantenga la calma.

Mantener la calma en esta situación puede ser muy difícil. Las respiraciones profundas y la repetición del mantra, "mantén la calma," una y otra ves en la cabeza puede ser necesario. Recuerde, su hijo no tiene experiencia en la vida para ayudarlos a navegar este tema, y como se discutió anteriormente, la parte de toma de decisiones de su cerebro no está completamente desarrollada. Luche contra el impulso de castigarlos inmediatamente. La disciplina rápida no ayudará a su hijo a largo plazo. Mantener la calma y hablar con su hijo le ayudará a entender por qué sucedió esto y lo que necesita hacer a continuación.

Hábleles De La Situación.

Las emociones pueden estar corriendo alto, y usted puede sentirse increíblemente decepcionado por la decisión de su hijo. Tenga cuidado de no avergonzar a su hijo. Siéntese con su hijo y hable sobre la situación de una manera calmada, y tranquila. Comience la conversación admitiendo que ambos se sienten incómodos hablando de esto. Asegúreles que usted no quiere hacerlos sentir peor; sólo quiere entender lo que pasó y cómo puede ayudar. Haga preguntas y esté listo para escuchar sin hacer juicios personales. En lugar de hacer acusaciones o echarle la culpa, busque entender a su hijo adolescente. Después de sentir que tiene una buena comprensión de la situación, el siguiente paso es hablar de las imágenes y las redes sociales.

Elimina Cualquier Fotos o Vídeos.

Si su hijo recibe una foto desnuda, bórrela de inmediato. Si su hijo adolescente tiene fotos desnudas de sí mismos, bórrelas también. Puede haber copias de fotos en el folder del dispositivo o en una carpeta de fotos. Compruebe si se ha realizado una copia de seguridad de esas imágenes en la nube. También tendrán que ser eliminados ahí. Evite mirar las fotos, especialmente delante de su hijo, y no se las muestre a otros padres. He tenido muchos padres me dicen que desearían nunca haberlos mirado. Una vez que entiendas la gravedad de las fotos, pasa a tomar medidas.

Considere trabajar con otros padres involucrados.

Si el sextear ocurrió entre dos menores, su hijo y su compañero de clase / novio / novia, considere comunicarse con los padres del otro niño y trabajar juntos para resolver la situación. Dependiendo de su nivel de comodidad y lo bien que conozca a los otros padres, llámelos o reúnase con ellos para hablar de sus hijos y decir: "Nuestros adolescentes han estado enviando y recibiendo imágenes sexuales. Me gustaría que trabajemos juntos y abordemos esto."

Considere informar a la policía o a la escuela.

Si usted cree que su hijo está intercambiando imágenes sexuales con un adulto, debe comunicarse con su agencia local de policía y reportarlo. Su hijo es una víctima, aunque envió la foto intima voluntariamente al adulto.

Si su hijo está involucrado en una situación de acoso sexual en la escuela, puede ser útil tener una intervención externa a través de la escuela y medidas disciplinarias. Algunas escuelas tienen requisitos obligatorios de presentación de informes, lo que significa que deben reportar esta actividad a la policía. Si decide trabajar con la escuela para resolver este problema, también podría significar involucrar a la policía.

Ultimadamente, el sextear, como muchos otros desafíos de crianza, se deduce a la comunicación. Comience el diálogo con su preadolescente temprano. Ayúdeles a ver que es un defensor, que está de su lado, y es más probable que vengan a usted cuando tengan problemas más tarde. Recuerde que se enfrentan a nuevos y complicados desafíos que son tan confusos y difíciles para ellos como lo son para uno. Cuanto más se eduque sobre esos problemas, mejor preparado estará para ayudarlos en caso de que surjan esas situaciones.

Cómo Hablar con su Hijo Acerca de la Pornografía

Recibí un mensaje de texto urgente de una madre llamada Sarah a través de la página de Facebook de Policía de Seguridad Cibernética. El mensaje de Sarah decía: "Mi hijo de seis años estuvo expuesto al porno en mi iPad. ¡Por favor, ayúdeme!" Me gustaría que este fuera un mensaje único o poco frecuente; No lo es. Demasiados padres se sorprenden al enterarse de que su hijo pequeño ha tropezado accidentalmente con un sitio web pornográfico. Es tan fácil de hacer. Una búsqueda muy inocente de Google puede dar a lugares con contenido pornográfico. Hablé con Sarah por más de una hora por teléfono. Lo que oí por teléfono fue a una madre completamente devastada. Llorando, relató lo que pasó. Dos días antes, le dio a su hijo de seis años su iPad para mantenerlo ocupado mientras guardaba los comestibles. Ella lo oyó soltar el iPad y huir a su habitación. Cuando recogió el iPad, se horrorizó por lo que vio. Encontró a su hijo escondido en su habitación. Él no podía procesar lo que vio, y ella no sabía qué decir. Todo lo que podía hacer era abrazarlo. En las últimas dos noches, no había podido dormir solo en su habitación. Hablamos de opciones para conseguirle ayuda y cómo prevenir que algo así sucediera de nuevo. Sarah dijo: "Siento que le fallé... Nunca pensé que necesitaba poner controles parentales o filtros web en mi iPad. Yo no miro esos sitios web. Nunca se me ocurrió que necesitaba ponérselos para mi hijo de seis años." Como tantos otros padres con los que he hablado, Sarah no sólo está de luto por el daño a su hijo, sino que se siente responsable. Le dije que estaba en buena compañía con muchos grandes padres que se han encontrado en la misma situación.

El internet ha hecho que la pornografía explícita (hardcore) sea más accesible que nunca antes. Más gente visita lugares pornográficos que quienes visitan Twitter, Netflix y Hulu en forma conjunta. La búsqueda de material pornográfico en línea y en la cultura popular está en aumento así como los casi cuarenta años de evidencia científica que sostienen que la contemplación de material pornográfico tiene efectos catastróficos en nuestras vidas.

Cuando hablamos con nuestros hijos acerca de la seguridad cibernética y del comportamiento apropiado en línea, debemos abordar el tema de la pornografía en línea. Hablar con su hijo sobre el sexo no es tarea fácil. Para la mayoría de los padres el simple pensamiento de tener que hablar sobre la pornografía les producirá niveles significativos de ansiedad. No solo se enfrenta usted a la incómoda tarea de hablar con su hijo acerca del por qué él no debe ver pornografía, sino también estará luchando contra la cultura popular predominante que afirma que el ver pornografía no produce víctimas sino más bien lo considera beneficioso. Nada más lejos de la realidad. La pornografía se está convirtiendo en uno de los problemas de salud pública más serios de nuestra sociedad, próxima a las drogas callejeras y al abuso del alcohol.

Esperar abordar este tema hasta que su hijo haya sido expuesto a la pornografía puede ser desgarrador. Yo he conversado con padres que viven en distintos lugares de los EE.UU. y ellos han compartido conmigo la agonía personal que experimentaron cuando descubrieron que su hijo ya había sido expuesto a la pornografía en línea. Esta exposición a la pornografía en línea ocurre a veces de manera accidental, mientras que en otras ocasiones, el hijo busca intencionalmente la pornografía en línea. Sus historias son todas tan similares. Ellos se quedan escandalizados al ver lo fácil que es para su niño de ocho años llegar accidentalmente a un sitio web que expone material explícito de pornografía, y aún más, cuán extremos y perturbadores se exhiben los actos sexuales en la página central de los sitios web, y los padres experimentan al mismo tiempo un intenso sentimiento de culpabilidad y de falla por no haber protegido a su hijo de mejor manera.

Cuando hablamos con nuestros hijos acerca de la pornografía, pienso que no es suficiente decir tan solo: "Simplemente no veas pornografía." Este no es un argumento de peso frente a todas las hormonas y químicos neurales que están inundando sus cerebros cuando ellos están viendo pornografía. Cuando se trata de una conversación con los hijos (especialmente con los varones), sobre drogas o pornografía, esta conversación debe explorar un panorama más amplio. La pornografía no es neutral. La pornografía causará efectos dolorosos tanto al observador como a otros. Nosotros necesitamos presentarles información que sea significativa para cuando nuestros hijos salgan de la protección del sistema para bloquear el acceso no autorizado del enrutador de la casa (router's firewall) y estén conectados a un mundo sin filtros pornográficos.

Yo tengo dos hijos adolescentes. Me senté y compartí con ellos cuatro puntos basados en evidencias: 1) La pornografía lastima su cerebro; 2) La pornografía lastima a las mujeres; 3) La pornografía lastima a las familias; y 4) La pornografía estimula el tráfico humano. A continuación voy a exponer el sustento para cada uno de los puntos y después le mostraré cómo lo puede presentar en conjunto cuando converse con sus hijos.

La pornografía lastima su cerebro

¿Qué es lo que tienen en común la cocaína y la pornografía en línea? Por lo visto, ambas tienen mucho en común. En un lugar muy profundo en su cerebro hay algo que es llamado la "vía de recompensa."[1] La vía de recompensa es un mecanismo importante para nuestra sobrevivencia. Conecta el comportamiento con un sentimiento de bienestar o placer. Lo hace liberando químicos – principalmente uno llamado dopamina, y otros como la oxitocina.[2] Estos químicos neurales son muy poderosos y por una buena razón. Ellos promueven o recompensan actividades que son esenciales para la vida, como comer, tener sexo (para la procreación), o por cumplir con la ejecución de una tarea difícil (como la caza o la recolección).[3] Estos químicos son los que nos hacen sentir felices y eufóricos. Desafortunadamente ellos pueden ser secuestrados por las drogas callejeras y la pornografía.[4]

Las drogas callejeras como la cocaína y la heroína hacen que el usuario se sienta muy excitado al activar la vía de recompensa y liberar altos niveles de dopamina. La acción de mirar pornografía utiliza la misma vía de recompensa que las fuertes drogas callejeras. Hay que recordar que el propósito de la vía de recompensa es de guiar al usuario para que él regrese a mostrar el comportamiento que activó la liberación de químicos. El incremento de la dopamina en el cerebro va más allá que el causar que el usuario logre una elevada euforia, ayuda a crear nuevas vías en el cerebro. En otras palabras, produce cambios en su cerebro. Cuanto más heroína se inyecte un drogadicto o que un adicto a la pornografía vea pornografía, la mayor cantidad de vías quedan conectadas en el cerebro, haciendo cada vez más y más fácil que la persona vuelva a utilizarla, quiera hacerlo o no.[5] A esto se le llama adicción. Si un adolescente está viendo pornografía, estos cambios cerebrales y la conexión de las vías neurales con la pornografía están sucediendo en un momento crucial del desarrollo cognitivo del cerebro.

Sí, usted puede convertirse en un adicto para ver pornografía. La pornografía tiene la misma trayectoria que otras substancias adictivas. Con el paso del tiempo, un drogadicto eventualmente requerirá más y más droga para lograr excitarse o aún para sentirse normal. De la misma forma, los usuarios de la pornografía pueden desarrollar rápidamente una tolerancia al estar sus cerebros adaptándose a elevados niveles de dopamina.[6] En otras palabras, aún cuando la pornografía está liberando dopamina en el cerebro, el usuario no puede sentir tanto sus efectos. Como resultado, muchos usuarios de pornografía tienen que buscar más pornografía y buscarla con más frecuencia o buscar una versión más extrema – o las tres- para generar aún más dopamina para sentirse excitados.[7]

La pornografía lastima a las mujeres

En casi todas las pornografías las mujeres son simples objetos utilizados para satisfacer los deseos sexuales del hombre. En los videos las mujeres son retratadas como sintiéndose felices haciendo cualquier cosa que el hombre desea que hagan, aún cuando sea algo doloroso o humillante. Un estudio de los videos pornográficos más populares encontró que nueve de cada diez escenas mostraban mujeres siendo abusadas verbal o físicamente; no obstante ello, las víctimas femeninas casi siempre respondían con placer o se mostraban neutrales.[8] Como resultado, las ideas que tienen los varones usuarios de pornografía sobre cómo debieran ser las relaciones sexuales o las relaciones amorosas están con frecuencia distorsionadas.

En un informe de James Check y Kristin Maxwell (1992), basado en una encuesta anónima a 247 estudiantes de una escuela intermedia canadiense, cuyas edades promediaban los 14 años, se encontró que el 87% de los muchachos y el 61% de las muchachas dijeron que habían visto videos de pornografía. La edad promedio de los estudiantes que habían sido expuestos por primera vez a la pornografía fue muy cercana a los 12 años de edad.

El 33% de los muchachos versus solo el 2% de las muchachas informaron que veían pornografía una vez al mes o con más frecuencia. Adicionalmente, el 29% de los muchachos versus el 1% de las muchachas reportaron que la pornografía era la fuente que les había proporcionado la información más útil sobre el sexo (esto es, más que la información por parte de los padres, la escuela, los amigos, etc.). Finalmente, los muchachos que fueron los consumidores más frecuentes de pornografía y/o que informaron que aprendieron mucho de la pornografía, eran los que con mayor posibilidad decían que estaba "bien" sujetar con fuerza a una muchacha y forzarla a tener relaciones sexuales.[9]

La pornografía lastima matrimonios y familias

Las investigaciones han encontrado que los matrimonios en los que una persona tiene problemas sexuales o una obsesión sexual con frecuencia son atormentados con menos intimidad y sensitividad, así como más ansiedad, ocultamientos o secretos, aislamiento y disfuncionalidad en la relación.[10] Los estudios han descubierto que es más probable que los usuarios de pornografía que están casados tengan sexo con otras personas que no sean sus esposas en comparación a los casados que no buscan pornografía.[11]

Cuando trato el tema de los efectos de la pornografía en mi seminario para padres, con frecuencia observo a las mujeres en la audiencia con lágrimas que brotan de sus ojos. Ellas se acercan a mí después que finalizo la presentación y comparten conmigo cómo sus matrimonios están fracasando o han fracasado porque sus esposos son adictos a la pornografía en línea, y ahora ellas están tratando de proteger a sus hijos. El uso frecuente de la pornografía por el esposo(a) conduce a la pérdida de la confianza e intimidad. En una encuesta realizada en el año 2002 a los miembros de la Academia Americana de Abogados Matrimoniales (American Academy of Matrimonial Lawyers), el 62% de los abogados especializados en divorcios que fueron entrevistados dijeron que la obsesión por la pornografía ha sido un factor significativo en los casos de divorcios que ellos trataron en el año anterior.[12]

La pornografía promueve el tráfico humano

En los noticieros nocturnos escuchamos con frecuencia historias horribles del tráfico sexual aquí en los EE.UU. y alrededor del mundo. Nos sentimos horrorizados y disgustados por aquéllos que retienen a mujeres y niños en contra de su voluntad y por nada más considerarlos como objetos de placer sexual. Yo soy voluntario y apoyo a Agape International Missions en Cambodia. Yo he viajado varias veces a Cambodia y he presenciado la carga emocional y física que esta maldad causa en los más vulnerables. Al mismo tiempo, nosotros vivimos en una cultura que celebra la pornografía como un ejemplo de expresión de la Primera Enmienda. Estos puntos de vista opuestos acerca del tráfico sexual y la pornografía deben ser abordados.

Hay una conexión entre los sitios "convencionales" de pornografía en el internet y el deseo del tráfico sexual. La industria pornográfica de $100 billones está alimentando el apetito o búsqueda de niños.[13] Las jovencitas adolescentes ahora forman parte de la porción más grande de pornografía visible. Un análisis de las tendencias actuales de Google (Google Trends) indica que las búsquedas de "pornografía de adolescentes" se ha más que triplicado entre 2005-2013, y la pornografía de adolescentes fue el género de mayor crecimiento en este periodo…[alcanzando un] estimado de 500,000 diariamente en marzo de 2013, lo que representa un tercio del total de búsquedas diarias de pornografía en los sitios web."[14]

En el artículo de Melissa Farley del año 2007, "Alquilando un órgano por diez minutos" (Renting an Organ for Ten Minutes): Lo que nos dicen las argucias (personas que pagan por sexo) acerca de la prostitución, la pornografía y del tráfico." Ella entrevistó a 854 mujeres dedicadas a la prostitución en 9 países. Casi la mitad de las mujeres que entrevistó (49%) dijeron que fueron forzadas a actuar en películas pornográficas mientras estuvieron involucradas en la prostitución.[15]

Si usted está viendo pornografía, usted está apoyando un sistema que está ayudando a mantener la esclavitud de hombres, mujeres, y niños alrededor de todo el mundo.

Juntando todos los puntos

Quiero presentarle un argumento sólido en contra de la pornografía en la vida de su hijo y también en su vida. Cuando converse usted con su hijo, explíquele por qué es que usted tomó la decisión de no ver pornografía. Haga que las razones que sustentan por qué usted no ve pornografía sean muy personales. Los argumentos más sólidos brotan del corazón.

Esto es lo que compartí con mis dos hijos adolescentes:

"Yo decidí no ver pornografía por varias razones. Quiero compartirlas con ustedes y explicarles por qué la pornografía es destructiva, y cómo es que, si ustedes dejan que ingrese en sus vidas, puede lastimarlos a ustedes y a la gente que ustedes aman. Mis razones no son simplemente mis opiniones sino están basadas en mucha investigación y ciencia, que puedo mostrarles más adelante si a ustedes les interesa.

En primer lugar, yo no veré pornografía por las mismas razones por las que no usaré drogas callejeras tal como la heroína. Ver pornografía puede llevarnos a una adicción. La ciencia nos ha demostrado que los químicos que son liberados en el cerebro cuando uno consume drogas son los mismos químicos que son liberados cuando uno ve pornografía. La adicción te destruye desde tu interior hacia fuera, y eso incluye tu salud, tu trabajo, tus amistades, y tu familia. Yo trabajo duro para sostenerlos a ustedes y a nuestra familia. Mi habilidad para actuar de esa manera proviene de tener una mente y alma saludables. La adicción, de cualquier tipo, lastima y esclaviza tu mente y tu espíritu.

En segundo lugar, la pornografía lastima a las mujeres. Yo respeto a su madre y a todas las mujeres. La pornografía considera a las mujeres como objetos. Eso significa que a las mujeres se les ve como simples objetos físicos, se les considera menos que seres humanos, y su único valor es el de satisfacer sexualmente a los hombres aunque los actos sexuales son dolorosos o las lastiman. Es por esta razón que los jovencitos que miran pornografía sienten que el crimen de la violación no es tan serio como lo consideran los jovencitos que no miran pornografía. Y, como nosotros respetamos a las mujeres, nosotros nunca le pedimos a una muchacha que nos envíe una imagen desnuda de sí misma.

Una tercera razón por la que no veo pornografía es que yo los quiero a ustedes y a su madre. Ver pornografía abre tu mente y tu corazón a la idea de tener una relación con alguien diferente a la persona con quien estás casado. Yo los quiero mucho a ustedes y a su madre y no quiero hacer nada que los lastime a ustedes ni a su madre o que cause la destrucción de esta familia.

Una cuarta razón por la cual no veo pornografía es porque algunas de las mujeres que están en esos videos aparecen en ellos no porque lo deseen. Algunas de ellas son forzadas a hacerlo. Yo me niego a ser parte de un sistema que esclaviza a personas y les roba su dignidad. Finalmente, yo no veo pornografía porque muchas de las mujeres que aparecen en esos videos son forzadas a tener relaciones sexuales en contra de su voluntad. Algunas de las mujeres son forzadas a que lo hagan. A estas mujeres se les proporcionan drogas o son golpeadas si no quieren participar en esos videos. Cuando alguien enciende el botón para ver un video, él esta lastimando a otra persona. Si nadie viera pornografía, esas muchachas estarían libres. [Quizás puedan ver con sus hijos el video "Refuse to Click (Negarse a hacer clic)" si piensan que es apropiado para ellos].

Yo he colocado filtros en sus dispositivos y en su computadora con el propósito de que ustedes no puedan ver pornografía deliberada o accidentalmente. Sé que no puedo garantizar que ustedes vayan a ver pornografía en cualquier otro lugar, como podría ser el dispositivo de un amigo. Así como en el caso de las drogas, yo no puedo estar con ustedes todo el tiempo para asegurarme que tomen una decisión correcta. Por último, todo dependerá de ustedes. Recuerden, ustedes no pueden ver pornografía sin lastimar a alguien.

Yo quiero que ustedes estén preparados cuando alguien les ofrezca mostrarles pornografía de cualquier tipo. ¿Cuál sería una buena manera de decirles no?"

"No, yo no quiero ver pornografía porque lastima a mujeres," o

"No, no me envies esa imagen o video, no quiero mantener esas imágenes en mi mente."

Conversar con su hijo acerca de la pornografía en línea no es fácil. No podemos ignorar hacerlo si es que queremos que nuestros hijos tengan percepciones saludables sobre las mujeres y sobre relaciones saludables.

Acoso

El primer día de escuela preparatoria de Jill fue esperanzador. Después de dos años y medio de tormento a manos de tres niñas en la escuela secundaria, Jill finalmente estaba libre de la sensación diaria de temor que había estado experimentando. Las tres chicas eran sus amigas cuando ella estaba en sexto grado, pero la relación se volvió agria cuando Jill fue seleccionada para estar en el equipo de baile, y el miembro-alfa de las tres no lo era. Todo cambió para Jill ese día. La exclusión durante el recreo y las miradas duras no terminaron en la escuela. Jill fue objeto de burla en las redes sociales. Sus noches y fines de semana estaban llenos de ansiedad. Ella se acostaba en la cama por la noche incapaz de dormir preguntándose qué decían de ella ahora en Instagram.

Jill sintió que todo eso estaba detrás de ella ahora. Ella dio vuelta en la esquina del pasillo a su primera clase, y ahí estaban. Las tres chicas que habían sido la fuente de su tormento estaban de pie en el medio del pasillo como si la estuvieran esperando. Estallaron en risas cuando la vieron. Jill podía sentir que sus entrañas se derretían. Allí estaba, la vieja sensación de desesperación había regresado. La tensión en su pecho amenazó con asfixiarla. Ella continuo su camino y hizo una mueca cuando escuchó "perra... puta" salir bajo sus respiraciones.

Encontré a Jill en la oficina del consejero, sollozando sin control. Todo lo que podía decir era: "Ojalá estuviera muerta, no quiero estar aquí," una y otra vez. Lamentablemente, la historia de Jill no es única.

En un estudio reciente de la Universidad Rutgers, las niñas son más a menudo acosadas que los niños y son más propensas a considerar, planificar, o intentar suicidarse.

Puede que preguntes, ¿no son acosados los niños? ¿En qué se diferencia esto? Sí, los niños son intimidados. El acoso entre los niños a menudo es físico. Las escuelas están reprimiendo el acoso físico que la gente puede ver, haciéndolos más prevenibles por los funcionarios escolares.

Entre las niñas, el acoso escolar es a menudo del tipo que no es visible. A menudo es acoso relacional, como excluir a alguien de actividades y círculos sociales o difundir rumores sobre ellas. Las acciones no son exageradas. Este tipo de acoso puede seguir durante mucho tiempo sin que nadie más lo sepa, y lo ocurre. He llevado a cabo miles de investigaciones de acoso como oficial de recursos escolares, y el acoso adolescente de niña a niña es a menudo el peor tipo. No es que sea más violento o extremo que el acoso de niño a niño. Es un proceso de trituración que puede durar años.

La escuela debe entender las diferencias en el acoso escolar y cómo podríamos abordar mejor a las mujeres que son acosadas. Los padres también necesitan entender las diferencias y no considerar el acoso como un derecho de paso. Diciéndole a su hijo: "Todos son intimidados. Tienes que abrocharte el cinturón. Defiéndete," no abordará los efectos nocivos que el acoso está teniendo en nuestros hijos. El acoso hoy en día, con el advenimiento de las redes sociales, es fundamentalmente diferente al acoso que los padres de hoy enfrentaron cuando eran adolescentes. Necesitamos empoderar a nuestros hijos contra el acoso escolar. Aquí hay cuatro maneras que podemos hacer precisamente para eso.

1. Modele relaciones compasivas y respetuosas desde el momento en que su hijo es pequeño.

Como evaluador profesional de amenazas, he aprendido, las víctimas engendran víctimas. Los niños que experimentan el trauma del acoso a menudo se convertirán en acosadores. Como padres, necesitamos criar a nuestros hijos en relaciones amorosas y respetuosas, en lugar de relaciones que usen poder o fuerza para controlarlos. Los niños aprenden ambos lados de cada relación, y pueden imitar a cualquiera de los dos. Disciplinar a los niños gritando y menospreciándolos les enseñará que el acoso escolar está bien.

2. Enseñe a su hijo cómo funciona la dinámica del acoso escolar.

Las investigaciones muestran que los acosadores comienzan con el acoso verbal. La forma en que la "víctima" responde a la primera agresión verbal determina si el acosador sigue atacando a este niño en particular. Si la agresión le da al acosador lo que está buscando - una sensación de poder de empujar con éxito los botones del otro niño - la agresión generalmente se intensificará. Es imperativo discutir este tema con todos los niños ANTES de que puedan ser objeto de acoso escolar, para que puedan defenderse con éxito cuando un acosador los "pruebe" por primera vez.

3. Enseñe a su hijo cómo responder a las burlas y el acoso.

Juego de roles con su hijo cómo puede enfrentarse a un acosador. Señale a su hijo que el acosador quiere provocar una respuesta que haga al acosador sentirse poderoso, por lo que mostrar emoción y defenderse es exactamente de lo que se alimenta el acosador. Explique que, si bien su hijo no puede controlar al acosador, siempre puede controlar su propia respuesta.

La mejor estrategia es siempre mantener la dignidad propia y dejar que el "acosador" mantenga su dignidad. En otras palabras, mantener su dignidad mientras se retira de la situación, y no atacar o degradar a la otra persona. Para ello, recuerde este proceso de tres pasos:

1. Mantenga la calma. Espere sentir miedo o ansiedad. Eso es normal y está bien. Respire profundo una, o dos veces, antes de hablar.

2. Desarmar diciendo: "Voy a ignorar ese comentario," o "No gracias," y alejarse con calma. El instigador lo intentará de nuevo más adelante. Cuando lo hagan, repita el paso dos.

3. Si no se detiene, dé al instigador una opción. Si después de repetir el paso dos varias veces, y no están recibiendo la pista, "llévala al siguiente nivel." Diga: "Te he dado varias oportunidades. Creo que sabes que no me interesa. Si esto continúa, tendré que llevarlo al siguiente nivel. No quiero, pero lo haré," y luego aléjese con calma. Su hijo no necesita explicarle al instigador cuál es "el siguiente nivel." Si el instigador sigue preguntando cuál es el siguiente nivel, diga: "Creo que lo sabes." El siguiente nivel es pedir ayuda a un adulto de la escuela. Explíquele a su hijo que a dado varias oportunidades al instigador de detenerse. Si no puede entender la pista, entonces su hijo debe ir a un maestro o administrador de la escuela y pedir ayuda para mediar en la situación.

Acoso Cibernético

Hay muchos ejemplos de acoso cibernético. Algunas veces son tan simples como los mensajes odiosos enviados por texto o las publicaciones lastimosas posteadas en la cuenta de medios sociales de alguna persona. Ese tipo de intimidación o acoso es lo más cercano a lo que las generaciones más antiguas experimentaron como mofas e insultos en el patio a la hora del recreo. Las palabras usadas en ese intercambio en el patio son ciertamente lastimosas y dañinas, pero usualmente son conversaciones privadas, entre el perpetrador y la víctima. El internet ofrece métodos de acoso público que son aún más lastimosos, que continuan su existencia en el internet en forma indefinida, manifestándose en búsquedas acerca de la víctima años después de que ocurrió el incidente. Algunas veces ese tipo de acoso involucra editar o volver a publicar una foto poco favorecedora o reenviar a otra persona esa imagen vergonzosa. A veces el perpetrador va aún más lejos, como podemos ver lo que ocurrió en el siguiente ejemplo.

Un Domingo por la tarde, Carlie, una estudiante de 12 años que asistía al 7° grado en una populosa escuela secundaria, recibió un mensaje de texto de su amiga Gina. En el texto Gina le dijo que alguien había creado una cuenta en Instagram que mostraba una foto de Carlie y mencionaba "cosas malas" acerca de ella. Carlie fue a la cuenta de Instagram y se horrorizó con lo que encontró. La imagen de perfil era una fotografía de Carlie tomada de su propia cuenta de Instagram. El nombre de la cuenta era "Carlierameraputazorrafea" ("Carliewhorebitchslutugly"), y la biografía decía, "Soy una zorra puta, odio a todos." En menos de una hora de la creación de la cuenta, cientos de compañeros de clase de Carlie estuvieron siguiendo la cuenta y comentando acerca de las imágenes que el creador de la cuenta había publicado. Los ojos de Carlie empezaron a derramar lágrimas al mismo tiempo que ella deslizaba el cursor hacia abajo y leía los comentarios. La persona que había creado la cuenta estaba publicando y comentando como si fuera la misma Carlie, y sus mensajes publicados eran pornográficos y terriblemente maliciosos. Lo que hacía que las publicaciones fueran realmente lastimosas eran los comentarios que hacían los compañeros de Carlie, algunos de ellos Carlie los consideraba sus amigos. Los compañeros expresaron su aprobación a lo publicado (liking) y escribieron comentarios repugnantes para destruir a Carlie. "LOL" y "LMAO," fueron como un sazonador adicional para que los comentarios fueran más hirientes. Carlie buscó a alguien que pudiera defenderla; alguien que dijera que estas publicaciones eran groseras. Ella no podía encontrar un compañero que objetara la paliza que estaba recibiendo en línea. Carlie se sintió muy sola y asustada. Ella tenía temor de contar a su mamá y papá lo sucedido. Ella sabía que sus padres se "pondrían furiosos," le quitarían su celular y llamarían a la escuela. Su teléfono y la habilidad de conectarse con sus amigos era algo muy importante que no quería perder. Ella también tenía el temor de que si sus padres llamaban a la escuela, las cosas iban a empeorarse. Carlie decidió no decirles nada a sus padres, y a la mañana siguiente se fue a la escuela con la esperanza de que la situación mejoraría. Las situaciones de acoso o intimidación como esta nunca se disipan, tienen una vida propia. Continuan volando como el viento.

Cuatro días después, la directora de la escuela de Carlie me llamó, "Oficial Cranford, tenemos una situación de acoso en Instagram. Necesitamos su ayuda." Cuando llegué, encontré a Carlie y a otra jovencita en la oficina de la directora. A Carlie la trajeron a la oficina principal porque la habían encontrando peleando y jalándole el pelo a otra muchachita. Cuando le dijeron a Carlie que había sido suspendida por dos días debido a la pelea, ella le mostró a la directora la cuenta fraudulenta de Instagram. Quedó claro que el estrés que le causó observar esta cuenta fue demasiado para Carlie, y que ella no pudo más y actuó de esa manera. La jovencita con la que peleó Carlie no era la que creó la cuenta. Ella era tan solo una compañera que se había burlado de Carlie por su cuenta en Instagram.

No demoré mucho para encontrar al culpable. Carlie sabía ya quién había creado la cuenta fraudulenta de

Instagram; a ella y a la otra estudiante les gustaba el mismo muchacho y algunas semanas atrás, entre las dos, habían tenido encuentros hostiles abiertamente. Yo procedí a señalar o marcar la cuenta como fraudulenta (más adelante en la pg. 96 les explicaré cómo hacer esto), por el hecho de violar el acuerdo de usuario de Instagram, y por consiguiente la cuenta fue eliminada en menos de una hora. Desafortunadamente, como la cuenta fraudulenta había estado en línea por más de cuatro días, los estudiantes ya habían retomado fotos de las imágenes publicadas que aparecían en sus pantallas y las compartieron a través de sus cuentas personales. No obstante ello, tuvimos éxito al eliminar la cuenta ilícita, pero nosotros no podremos quitar por completo del internet las publicaciones que se generaron.

El fenómeno del acoso no es nada nuevo. Cualquier padre que haya sido intimidado o acosado en su niñez puede volver a recontar su experiencia con mucho detalle. El acoso comparte ciertas características con la intimidación tradicional que ocurría en el patio de la escuela, pero hay diferencias importantes y distintivas. Como lo veremos más adelante, estas diferencias distintivas hacen que el acoso sea, de muchas formas, más doloroso psicológicamente y duro físicamente que la intimidación tradicional.

En mi taller para padres se incluye una definición del acoso. El término acoso ha sido utilizado en exceso crónicamente. Ha sido usado para describir virtualmente cualquier situación entre niños que involucre un espíritu mezquino o de herir sentimientos. Yo no quiero que los padres se distraigan con una etiqueta. Yo quiero que ellos se enfoquen en el comportamiento. El comportamiento rudo, agresivo, e hiriente, necesita ser abordado ya sea que ocurra una sola vez o de manera repetitiva. Es importante tener una clara definición del acoso porque el comportamiento que califica como acoso es diferente y significativo. Este comportamiento es más serio por los efectos causados tanto a la víctima como al acosador.

Cualquier persona que trabaje para el sistema escolar, desde el kínder hasta la escuela secundaria, sabe que las palabras hirientes y el juego mezquino forman parte de la mayoría de las interacciones de estudiante a estudiante. ¿Son todos estos verdaderamente incidentes de acoso? Si todo comportamiento antisocial fuese un acoso, entonces prácticamente todo niño sería un perpetrador y todos serían una víctima. En un contexto tan amplio, el acoso ha perdido todo significado. ¿Puede acaso el incidente, que ocurrió una sola vez, impactarle a un estudiante a tal punto de causarle un significativo sufrimiento psicológico al recibir un mensaje hiriente? La respuesta es, sí. ¿Pero es esto un acoso o intimidación? Una buena definición podría ayudar a aclarar esta pregunta.

Cada organización importante de salud infantil u organización en contra del acoso ha publicado su propia definición del acoso. Pienso que una de las mejores y más significativas definiciones del acoso es la proporcionada por Stopbullying.gov, un sitio web del gobierno federal administrado por el Departamento de Salud y Servicios Humanos de los EE.UU. (U.S. Department of Health & Human Services).1

El acoso es un comportamiento no deseado, agresivo, entre niños en edad escolar, que involucra un desbalance de poder, real o percibido. El comportamiento es repetitivo o tiene el potencial de repetirse con el paso del tiempo.

El acoso cibernético no encaja perfectamente en esta definición del acoso. No requiere que el acosador sea más grande o más fuerte que la víctima. El internet es el gran nivelador del poder. Todos tenemos una voz similar, y debido a ello el desbalance de poder, en el mejor de los casos, es transitorio. Un comentario o imagen singular puede convertirse en un virus y crecer exponencialmente. Por este motivo, un acto singular puede tener el mismo efecto que un ataque repetido hacia una víctima.

Efectos del acoso cibernético

Las víctimas del acoso cibernético me dicen que se sienten desamparadas. Ellas dicen que bloquear al acosador o desactivar sus teléfonos no resuelven sus problemas. Es como si se tratara de una fuerza malevolente, creciendo en poder, poniendo a sus amigos en contra de ellos. La naturaleza permanentemente presente del internet y del acoso cibernético crea un nivel bajo de constante estrés en la víctima. Los niños atrapados en este síndrome del acoso cibernético y del estrés inducido pueden presentar todos los síntomas del Trastorno del Estrés Postraumático (Post-Traumatic Stress Disorder – PTSD).

No solo la víctima requiere ayuda. Depués de haber investigado cientos de incidentes del acoso cibernético, he aprendido que el acosador necesita tanta o quizás aún más ayuda que la víctima. Un estudio del año 2012, publicado en la Revista de psicología para niños anormales, encontró que las víctimas del acoso, con frecuencia, acosaban ellos mismos a otros compañeros escolares.2 Es importante recordar que los niños perpetradores son en sí víctimas también. Por esta razón, la meta del sistema de justicia juvenil no es la de encarcelar a los muchachos o arrojarlos a la calle. La meta es de intervenir, educar y restaurar.

Cómo responder a un incidente de acoso cibernético

Yo animo a los padres para que preparen a sus hijos con las herramientas necesarias para que puedan resolver un incidente de acoso por sí mismos. Por supuesto, la aplicación de este consejo no ocurre en todos los casos, especialmente en aquellos en donde hubo violencia. Mi experiencia es que la mayoría de los estudiantes desea tener la oportunidad de resolver, por cuenta propia, sus conflictos con otros estudiantes. Desafortunadamente muchos padres nunca les dan esa oportunidad. Los padres llaman inmediatamente al maestro o director para que intervengan. En mi taller para estudiantes, les recomiendo a ellos que tomen los siguientes pasos cuando estén enfrentando un comportamiento rudo o de acoso:

Paso #1: No respondan y no tomen venganza

Una reacción natural al ver un mensaje inapropiado es presionar el botón de responder y contestar de inmediato. Desafortunadamente, si la persona que recibió el mensaje actúa de esa forma, ella está cayendo en las manos del instigador. Cualquier principio moral en que se había basado el receptor para considerarse una víctima, se debilita rápidamente cuando toma represalia, como suele ocurrir en otros tipos de conflictos. En la escuela, en muchas ocasiones, han solicitado mi ayuda para resolver situaciones complejas de acoso en línea. Un estudiante afirma que es la víctima, mientras que el otro también dice ser la víctima. Revisando a través de los mensajes de texto encuentro una serie de insultos de ida y vuelta, lanzados por ambos lados. Es imposible saber cuál de los niños es el agresor. En este tipo de situaciones, es muy común que ambos estudiantes sean disciplinados no importando quién inició los insultos.

Paso #2: No sea un espectador (a bystander)

A las víctimas se les dificulta pedir ayuda. Ellos sienten el temor de que el hostigamiento continuará o se intensificará, o que ellos serán calificados como "soplones." En mi experiencia, la mayoría de los reportes de comportamiento inapropiado o amenazante fueron hechos por una tercera persona o "espectador." Los estudiantes simpáticos, espectadores potenciales, que informan sobre comportamientos que causan daño, son un recurso clave para descubrir e intervenir en incidentes de acoso antes que estos se agraven. Los sistemas para reportar basados en textos en línea anónimos o confidenciales ayudan mucho a facilitar que los estudiantes reporten la información. Los estudiantes tienen que comprender que cuando ellos informan sobre incidentes de acoso, ellos no están poniendo en problemas al instigador, sino lo están ayudando. Después de investigar cientos de incidentes de acoso cibernético, he aprendido que el acosador necesita tanta o quizás aún más ayuda que la víctima.

Paso #3: Documente el comportamiento abusivo

Si es posible, tome inmediatamente fotos de la pantalla en donde aparecen todos los mensajes agresivos, rudos, o amenazantes. Si el instigador piensa que usted va a reportarlo a la escuela o a la policía, él podría tratar de encubrir sus huellas volviendo hacia atrás para revisar y borrar sus comentarios o su cuenta por completo. Esto es especialmente crítico, si se trata de una amenaza con violencia. No obstante que algunas veces los oficiales de las fuerzas policiales pueden recuperar los mensajes borrados, directamente de los proveedores de medios sociales, el tener una imagen de lo publicado o del mensaje puede ayudar a las autoridades a saber cómo proceder.

Paso #4: Reporte el abuso al sitio web donde ocurrió

Todos los sitios de medios sociales de buena reputación tienen guías y acuerdos para usuarios que prohiben el comportamiento abusivo. Ellos también cuentan con un mecanismo que permite a los usuarios informar sobre publicaciones, imágenes o cuentas que violan el acuerdo para usuarios. Además, el sitio tiene un procedimiento para revisar, remover o prohibir a los usuarios que violan estas guías. La rapida eliminación del contenido abusivo es muy importante y puede ayudar a mitigar problemas futuros.

Paso #5: Bloquee al instigador para que no contacte a la víctima

El paso final puede ser el más obvio. Use las opciones para bloquear cuentas que tienen los sitios de medios sociales, y para bloquear números telefónicos que tienen los teléfonos inteligentes (smart phones), para que el instigador no pueda contactar a la persona que es su objetivo. Algunos estudiantes con los que he trabajado tuvieron que retirarse completamente de los medios sociales debido a los mensajes y publicaciones hirientes que provenían de usuarios anónimos. El instigador está buscando una reacción. Muchas veces, sin contar con alguien que quiera jugar su juego, ellos se aburren y se alejan.

Paso #6: Intente una solución de padre a padre (padre de la víctima y padre del instigador)

Si los pasos del 1 al 5 no solucionan el comportamiento inapropiado en línea, un padre o autoridad escolar debería ser contactado. En lo posible, yo animo a los padres a tratar de resolver el problema en conversación de padre a padre. Una vez que el padre ha reunido los datos y logrado un buen entendimiento de lo que está sucediendo, recuerden que los niños cometen errores, y que la mayoría de los problemas (sin incluir las amenazas con violencia o actividad criminal) pueden manejarse a nivel de padres. Yo animo a los padres a que se acerquen a los padres del estudiante que publico el mensaje o publicación inapropiada para informarles lo que ustedes han aprendido. Un tono acusatorio se encontrará frente a otro a la defensiva. Recuerde, la meta es la de tratar de atenuar el conflicto entre los estudiantes, no ganar puntos, o buscar una venganza. Si la conversación entre los padres no detiene el comportamiento inapropiado, entonces, yo aconsejo a los padres que tomen el siguiente nivel que es el de recurrir a la autoridad administrativa escolar y al oficial de recursos escolares.

Amenazas en Línea

Yo he investigado en las escuelas cientos de amenazas en línea. La gran mayoría de estudiantes que efectuaron amenazas fueron chicos buenos que eligieron malas opciones sin el deseo de causar daño a nadie. Ellos se sentían molestos o frustrados con otro estudiante y dijeron algo que no podían retractarse. Hoy en día vivimos en un mundo donde suceden tiroteos en las escuelas. Las escuelas y las fuerzas policiales toman cada una de las amenazas con mucha seriedad. Los estudiantes no toman en consideración las consecuencias potenciales que podrían sufrir más adelante debido a las expresiones amenazantes que publicaron. En algunos casos esas consecuencias pueden tener efectos cambiantes en sus vidas.

Un estudiante a quien llamaré "Sean," se encontró otra vez en la oficina del director por haber mostrado un comportamiento prejudicial en clase. El director explicó que como no era la primera vez que lo hacía lo enviaron a su oficina, Sean debía ser enviado a casa y ser suspendido por un día. La madre de Sean estaba en su trabajo y dio al director su autorización verbal, por teléfono, para permitir a Sean caminar a casa, pues él vivía a solo unas cuadras de la escuela. Sean, al ir caminando a casa con la nota de suspensión en su bolsillo, no podía dejar de pensar cómo es que la maestra había logrado castigarlo, y ahora problablemente su mamá no lo dejaría salir de casa tampoco.

Al llegar a una casa vacía, Sean sacó su smartphone e ingresó a Instagram. La ira y la frustración le hervían por dentro. Rápidamente empezó a deslizar sus dedos en su celular buscando la cuenta de su maestra y la encontró. Procedió a tomar su imagen de perfil y la publicó en su propia cuenta de Instagram e impulsivamente escribió: "¡ESTA ES LA HIJA DE PUTA QUE LOGRÓ QUE ME SUSPENDIERAN!" y sin pensarlo dos veces presionó el botón de enviar. A esa publicación le respondieron, afirmando estar de acuerdo un like, dos likes …23 likes. Sean no había terminado. El continuó escribiendo: "EL FUEGO DENTRO DE MÍ ME ESTÁ QUEMANDO, Y QUIERO CORTARLA A ESA PUTA." Las publicaciones eran públicas. No podía recuperarlas. En el momento en que Sean presionó el botón de enviar cometió una felonía.

Yo era miembro del equipo de evaluación de amenazas escolares a nivel del condado. Yo respondía diariamente a 189 escuelas bajo mi jurisdicción. El equipo de evaluación de amenazas escolares y yo fuimos alertados por el director de la escuela quien me envió varias fotos de lo publicado en la pantalla. Fuí al apartamento de Sean y me senté con él y su mamá. Yo hice una evaluación completa de la amenaza para determinar si Sean representaba una amenaza para la escuela o para la maestra. Mi evaluación del incidente fue que Sean se sintió enojado con su maestra y en el momento en que publicó esos comentarios, no tenía intenciones de herirla. Sean, como muchos adolescentes, tiene problemas para controlar sus impulsos y no tiene sentido de responsabilidad cuando usa los medios sociales.

Yo escribí un informe criminal que con el transcurso del tiempo desapareció del récord de Sean después que él completó satisfactoriamente las clases y las citas de consejería en nuestro programa de derivación del comportamiento. Desafortunadamente, no se puede decir lo mismo acerca de su récord escolar. Su suspensión por un día se convirtió en una suspensión por cinco días, y finalmente fue expulsado. Me llamaron a la audiencia de suspensión de Sean para presentar los datos de mi investigación. Sean me miró con lágrimas en sus ojos y me dijo: "Lo siento mucho, lo siento mucho." Yo le respondí: "Yo también lo siento mucho, Sean." Era muy tarde para que yo pudiera ayudarlo. Si Sean solicita el ingreso a una Universidad, él tendrá que revelar que fue expulsado por amenazar a un miembro del personal escolar con posibilidades de grandes heridas corporales o muerte. No hay muchos Colegios que estén dispuestos a tomar ese tipo de responsabilidades.

La historia de Sean es solo una de muchas. Durante mi permanencia en el cargo de evaluador de amenazas, he entrevistado a más de cien estudiantes, y desafortunadamente, muchos de los casos terminan como la historia de Sean. Sean tenía dieciseis años, y los adolescentes cometen errores. Sean, como otros jovencitos que viven en la era del internet, están cometiendo errores en el soporte permanente de los medios sociales, y con frecuencia uno no puede recuperar esas opciones.

En la asamblea estudiantil, yo mantengo una conversación franca y abierta con los estudiantes sobre este problema. Cada estudiante que he entrevistado, por hacer comentarios amenazantes en línea, siempre dice lo mismo: "Yo no sabía que esto me podía pasar a mí." Estos jóvenes, cuyos cerebros aún están en proceso de desarrollo, no pueden controlar su ira impulsiva o tomar en consideración las consecuencias de sus acciones. En lo referente a las amenazas, las escuelas se están desplazando hacia una posición de tolerancia cero. Hay muy poco espacio para errores por parte del estudiante o la escuela.

La regla del aeropuerto

Comparta mi regla con su estudiante: La regla del aeropuerto. Todos los estudiantes conocen y respetan esta regla cuando están caminando por la seguridad del aeropuerto. Yo les pregunto a ellos: "¿Quiénes de ustedes han volado en avión?" Todos ellos levantan sus manos. Luego les pregunto: "¿Qué es la única cosa que no puedes decir cuando estás caminando a través de la seguridad del aeropuerto?" Inevitablemente, un estudiante grita: "Yo tengo una bomba."

"¿Qué pasa si dices esas palabras, aún si no lo haces con seriedad?" Otra vez, los estudiantes saben la respuesta correcta: "Te van a sacar de la línea, vas a perder el vuelo, te van a revisar todo tu equipaje, y serás interrogado durante varias horas."

La escuela es como el aeropuerto. Si dices armas, bombas, cuchillos, disparos, matanza, o cualquier otra palabra violenta mientras estés en la escuela, te sacarán del salón de clases, te revisaran tu mochila, serás interrogado por otros investigadores como yo, recibirás consecuencias disciplinarias de la escuela, y posiblemente te acusarán de un crimen.

La regla del aeropuerto no solo termina en la escuela. Tu mundo en línea es como el aeropuerto. Si publicas imágenes, comentarios, o envías mensajes directos a otra persona acerca de armas, bombas, cuchillos, disparos, matanza, o cualquier otra palabra de violencia, tú puedes terminar escuchando que un oficial encargado del cumplimiento de la ley esté tocando tu puerta tarde por la noche. Los medios sociales proporcionan poco o nada de contexto a nuestras palabras. Los chistes o las letras de canciones de violencia pueden algunas veces ser interpretadas como una amenaza. Una vez que una afirmación en línea ha causado disrupción en la escuela, el estudiante que hizo la afirmación puede ser sujeto a la disciplina de la escuela aún si el comentario haya sido creado fuera de la escuela.

Robo de Identidad y Piratería

Cuando le damos a nuestros hijos una cuenta de correo electrónico, de medios sociales y acceso al internet, ellos se vuelven vulnerables al fraude en línea y al robo de identidad. Los niños y los ancianos son un segmento de víctimas de fraude en línea que está en rápido aumento.

Si usted es como la mayoría de la gente, cuando piensa en "ataques cibernéticos," usted se imagina piratas cibernéticos que usan líneas y líneas de códigos para lanzar ataques super sofisticados en contra de corporaciones y gobiernos internacionales.

La verdad es que una de las formas más comunes de crimen cibernético es en realidad algo relativamente sencillo. La mayoría de las cuentas, ya sea de bancos y de medios sociales, son pirateadas cibernéticamente porque el usuario involuntariamente le dio al pirata cibernético toda la información que necesitaba: su nombre de usuario y contraseña. El método más común de hacer esto es a través de la suplantación de identidad (phishing, que se pronuncia: "fishing") o fraude. La víctima recibe un correo

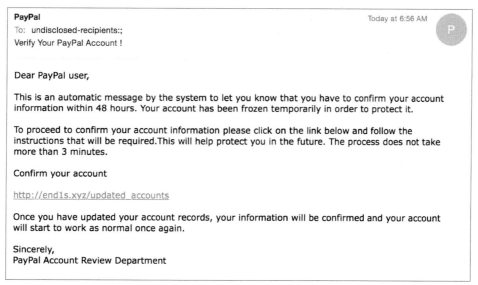

electrónico no solicitado que pareciera provenir de una fuente legítima (un banco, Facebook, etc). El mensaje de correo electrónico puede decir lo siguiente: "Hemos encontrado una posible actividad fraudulenta en su cuenta de banco. Ingrese a su cuenta para verificar sus compras." La víctima asustada hará clic en el enlace o botón proporcionado en el mensaje de correo electrónico. Luego la llevan al sitio web que también luce legítimo. Ellos ingresan su nombre de usuario y contraseña y presionan el botón para "entrar" (enter). La víctima acaba de ingresar su información para entrar a la cuenta en un sitio fantasma, y su nombre de usuario y contraseña han sido enviados al pirata cibernético, quien ahora está rápidamente ingresando a la cuenta de la víctima y tomando su dinero.

¿Cómo podemos detectar si este correo electrónico es legítimo o no? Revise cuidadosamente el mensaje de correo electrónico de PayPal y entonces exploraremos para detectar las señales sospechosas de un fraude de suplantación de identidad (a phishing scam).

¿Cómo detectar si usted es una víctima de fraude por suplantación de identidad?:

1. Siempre trate de leer con desconfianza los mensajes de correos electrónicos no solicitados que le piden su información personal. Es inusual que un sitio web bancario o de las redes sociales le envíe a usted un mensaje fraudulento. Usualmente, los bancos se pondrán en contacto con usted por teléfono. Independientemente, cierre el mensaje electrónico y vaya directamente al sitio web en su navegador, o llámelos por teléfono al número que está impreso en su estado de cuenta bancario.

2. Nunca haga clic en cualquier enlace o archivo adjunto al mensaje de correo electrónico. Es esencial que usted NUNCA haga clic a través de un sitio web o abra un archivo que esté adjunto a un correo desconocido o no solicitado. El hacer clic en un enlace puede llevarlo a un sitio web fraudulento, y al abrir un archivo adjunto podría iniciar una aplicación en su computadora que le infectará su sistema con un virus o software dañino (malware). Uno de los softwares particularmente dañinos que anda circulando es el llamado: "ransome-ware" (cuando le piden un rescate por medio de un programa de software). Este es un programa que bloquea los contenidos de su computadora y solamente puede ser desbloqueado si usted le paga dinero a la persona que lo hizo. Estas personas viven en Rusia o en China, haciendo imposible su persecución.

3. Verifique el destino de los enlaces. Si usted desplaza su cursor o indicador sobre el enlace en el correo electrónico (no haga clic en él), usted verá que la dirección de destino del sitio web NO es la de su banco o de Facebook.

4. Léalo cuidadosamente. Muchos de estos estafadores son de países extranjeros. El idioma inglés no es su primer idioma. Usted observará palabras comúnmente mal deletreadas o con errores gramaticos obvios.

Probablemente ahora usted se estará preguntando a sí mismo, ¿qué hago si recibo uno de estos mensajes de correos electrónicos? ¿Debo llamar a mi departamento de policía local?

Si usted es una víctima de un delito por internet, repórtelo al: Centro de Quejas de Delitos por Internet (www.ic3.gov). IC3 es una asociación entre el Buró de Investigación Federal (Federal Bureau of Investigation - FBI) y el Centro Nacional de Delitos de Cuello Blanco (NW3C).

Padres, compartan esta información con sus hijos si ellos tienen un correo electrónico o cuentas en las redes sociales. Sus hijos son presa fácil para estas estafas de suplantación de identidad. Sus cuentas de Instagram pueden ser usurpadas por un pirata cibernético, pueden pedir rescate por ellas o pueden ser usadas para otro nefasto propósito.

Contrato para el uso del Internet y Dispositivos Móviles

En una encuesta reportada por el Consejo Nacional de Prevención del Crimen (National Crime Prevention Council), más del 80% de los adolescentes encuestados dijeron que no contaban con reglas fijadas por sus padres para el uso del internet o sino habían encontrado formas para evadir esas reglas.1 Cyber Safety Cop quiere que esas estadísticas expresen lo contrario. El factor número uno de seguridad en la vida de cualquier hijo, es tener un padre o madre con quien poder conversar y quien lo ayudará a desarrollar estrategias de superación. El Contrato para el uso del internet y dispositivos móviles es una herramienta para que los padres puedan empezar una conversación continua con su hijo acerca de los medios sociales y el internet. El contrato sirve para lo siguiente:

- Establecer los parámetros para determinar qué comportamiento es el apropiado y cuál no lo es.

- Establecer las expectativas sobre lo que su hijo debe hacer al enfrentar un contenido o comportamiento inapropiado.

- Definir claramente cuáles son las expectativas de privacidad para su hijo, estas empiezan en cero y se dejan a discreción del padre o madre.

- Establecer consecuencias razonables y aplicarlas cuando el hijo no respete las reglas del contrato.

- Crear un ambiente seguro que animará a que el hijo confíe en sus padres.

¿Cómo puedo usar el contrato?

El Contrato de Cyber Safety Cop para el uso del internet y dispositivos móviles no es como otros contratos que usted puede encontrar en línea al hacer una búsqueda casual en Google search. Lo que es diferente acerca de este contrato es cómo lo utilice usted.

Siéntese con su hijo, y lea con él, cada línea del contrato. Al final de cada línea, continue haciendo una pregunta abierta, una que se responda con más detalle que un simple sí o no. A continuación les presento un ejemplo de cómo sería un punto de la conversación:

"Número uno, no daré mi nombre, dirección, número de teléfono, nombre de escuela, o nombres de mis padres, a ninguna persona que conozca a través de la computadora. ¿Por qué piensas que esta es una buena idea? ¿Has visto alguna vez alguien que lo haya hecho antes? ¿Qué podría suceder si le dices a un extraño en qué ciudad vives?"

Haga lo mismo con cada uno de los puntos del contrato. Cuando llegue al punto final, explíquele a su hijo cuáles serán las consecuencias si él no respeta las reglas del contrato. Sea razonable al disciplinar. Asegúrese que pueda aplicar las consecuencias con las que usted amenaza. No sea un padre que no cuenta con un plan y que en un momento de consternación dice: "¡Te dejaré sin teléfono para siempre!" Bien, en algún momento ese padre tendrá que ceder y devolver el teléfono. No es bueno sentar ese precedente.

Finalmente, usted quiere que su hijo venga a usted cada vez que vea o haga algo inapropiado en línea.

Solo 1 de 10 niños le contará a sus padres sobre algo inapropiado que vio en línea. Si él piensa que le quitarán su teléfono o el acceso al internet si le cuenta a usted, él podría esconder lo que sucedió y desear que nunca se entere. Para animar a su hijo que se acerque a usted y le hable, usted deberá incluir en el contrato una cláusula de gracia o de perdón.

La conversación con su hijo podría ser como la siguiente:

"Te estoy dando un dispositivo móvil y el acceso a medios sociales porque confío en tí. Sé también que cometerás errores o verás algo inapropiado que sabes que sería un problema para mi. Este es el siguiente trato: Si tú vienes a mí de inmediato y me cuentas lo que sucedió, yo te ayudaré. No te castigaré. Si tú te olvidas de contármelo o tratas de esconder lo que pasó, entonces, yo te castigaré."

Use este Contracto como un medio para empezar una conversación continua con su hijo acerca de cómo sentirse seguro en línea.

Descargue una copia del contrato en www.cybersafetycop.com/resources

Contrato para el Uso del Internet y Dispositivos Móviles

Yo entiendo que utilizar el internet o mi dispositivo móvil es un privilegio que está sujeto a las siguientes reglas:

1. No daré mi nombre, dirección, número de teléfono, nombre de escuela, o nombres de mis padres a ninguna persona que conozca a través de la computadora.

2. Debo decirle a mi mamá y/o papá cuáles son mis nombres de usuario y mis contraseñas relacionados a todas las redes sociales de contacto. Ellos tienen acceso, en todo momento, a todos mis archivos y aplicaciones (todo lo que está en mi dispositivo).

3. No descargaré nada ni instalaré aplicaciones o juegos sin antes preguntarles primero a mi(s) padre(s).

4. Yo entiendo que algunas personas en el internet pretenden ser o se hacen pasar por otra persona. No dejaré ingresar a nadie en mi red social sin antes haber tenido una relación cara a cara o en persona.

5. No llenaré ningún formulario en el internet en donde me pidan cualquier información sobre mí o mi familia sin antes preguntar primero a mi(s) padre(s).

6. No compraré ni ordenaré nada vía internet ni daré información alguna sobre la tarjeta de crédito sin antes preguntar primero a mi(s) padre(s).

7. Yo nunca escribiré o expondré en el internet cualquier cosa que no desearía que mis padres vieran. No haré uso de expresiones profanas ni usaré un lenguaje ofensivo.

8. Yo promoveré _____ (una causa o caridad) que ayudará a otras personas en mi red social, como una condición para tener una red social.

9. Si alguien me envía fotografías o cualquier correo electrónico utilizando un lenguaje inapropiado, descortés, rudo, o palabras amenazantes, yo no responderé y le(s) diré a mi(s) padre(s).

10. Si alguien me pide hacer algo que se supone no debo de hacer, no responderé y le(s) contaré a mi(s) padre(s).

11. No llamaré a nadie que haya conocido en el internet o en persona, sin que antes mi(s) padre(s) me de(n) la aprobación.

12. No me encontraré en persona con nadie que haya conocido en el internet, sin que antes mi(s) padre(s) me de(n) la aprobación.

13. Si recibo alguna fotografía inapropiada de alguien, no responderé ni la mostraré a mis amistades. Yo inmediatamente le(s) diré a mi(s) padres(s).

14. Si cualquiera que yo conozca en el internet me envía algo en el correo electrónico o por correo postal, yo le(s) diré a mi(s) padre(s). Yo no guardaré secretos del internet frente a mi(s) padre(s).

15. Si cometo algún error o veo algo inapropiado, yo le(s) contaré a mi(s) padre(s) lo antes posible.

16. Yo respetaré las reglas de la casa para el uso de la tecnología y el tiempo frente a la pantalla de la computadora. Si no respeto las reglas de este acuerdo, mencionadas arriba, yo aceptaré las consecuencias que mi(s) padre(s) me impongan, que podrían incluir (mas no limitarse a) perder el acceso al internet, mi teléfono celular, o cualquier otro dispositivo electrónico.

_____   _____
Firma del hijo(a)   Fecha   Firma del padre/tutor   Fecha
Después de firmar, ponga el documento en un lugar visible cerca de la computadora

Cree Responsabilidad

Si usted ha implementado las recomendaciones del libro, usted ya ha creado limitaciones con controles parentales y filtros de contenido, y también ha establecido las reglas y expectativas del contrato para uso del dispositivo móvil. Ahora viene la parte más difícil: Crear responsabilidad. La responsabilidad es la base de la disciplina. Sin ella, estamos exponiendo a nuestros hijos al fracaso.

Paso #1: A usted le pertenece el teléfono celular de su hijo

Un día, Shellie, una amiga vecina y madre de dos adolescentes, me preguntó cómo podía ella abrir el teléfono de su hijo. Yo pensé que ella no sabía cómo operar el teléfono iPhone de su hijo, así que saqué mi teléfono para usarlo como ejemplo y empecé a mostrarle en dónde estaba el botón para encenderlo. Ella me detuvo en medio de la demostración y me dijo, "No, yo sé cómo encenderlo. Yo no sé su contraseña." Sorprendido y sin estar seguro inicialmente cómo responderle, yo le dije, "Bueno, pídale que le dé su contraseña, y después usted active su teléfono." Ella me dijo que trató, pero que él no quería darle la contraseña. Finalmente yo entendí su situación. Yo le respondí, "Bueno, eso es fácil. Quítele el teléfono, y en una hora o dos, usted lo encontrará acurrucado en posición fetal en la esquina de su habitación. Yo le apuesto que entonces él se la dará a usted." Shellie había renunciado a su derecho y autoridad sobre el teléfono de su hijo, al dejarle creer que su teléfono le pertenecía a él, y que él tenía una expectativa de privacidad. Cuando le dije a Shellie que a ella le pertenecía el teléfono de su hijo y que tenía todo el derecho legal y moral de invadir su privacidad, se le abrieron sus ojos, "¿De verdad?" preguntó ella. Yo le dije, "Sí, es suyo." Si usted ha leído los capítulos sobre pornografía, tráfico de humanos y acoso cibernético, no necesito convencerla de esta verdad: Hay demasiado en riesgo como para que no nos involucremos en el mundo digital de nuestros hijos. A menudo hay padres que me preguntan, ¿qué es lo que les digo a mis hijos cuando tratan de hacerme sentir culpable por no confiar en ellos? Yo he tenido exactamente la misma conversación con mi hijo adolescente. No solamente me dio la oportunidad de hablar con él acerca de su seguridad en línea, nuestra conversación se convirtió en una lección de integridad. Esto es lo que yo le dije:

"En esta casa, no tenemos vidas secretas. Tu mamá, en cualquier momento puede levantar mi teléfono y ver todo lo que estoy haciendo. Yo puedo hacer lo mismo con su teléfono. Ella sabe que cuando no estoy en casa, yo la estoy honrando a ella y a la familia entera con mis acciones. Porque yo no tengo secretos, no tengo nada que temer o esconder. Los secretos son lo que nos lastiman y causan problemas. Si tú te sientes avergonzado por algo que está pasando en tu teléfono, y quieres mantenerlo en secreto, entonces hay un verdadero problema en tu vida que no sabes cómo abordarlo. Te quiero demasiado como para no saber lo que está pasando en tu vida."

Paso #2: Ingrese a la cuenta de su hijo

Conozca todos los nombres de usuario de su hijo y las contraseñas en todos sus dispositivos móviles y cuentas. Si usted le permite a su hijo tener una cuenta en los medios sociales, como en Instagram, usted debe tener la aplicación de Instagram en su teléfono, e ingresar en la cuenta como si fuera su hijo. Yo tengo dos hijos adolescentes y ambos tienen cuentas de Instagram. Yo he añadido sus cuentas en la aplicación de Instagram en mi teléfono. Cuando ellos reciban una solicitud para seguir a alguien, o cuando uno de sus seguidores hace un comentario sobre sus fotos, yo también recibo la notificación. Como he iniciado la sesión como titular de la cuenta, puedo ver sus cuentas y todo lo que está pasando, incluyendo los mensajes directos.

Paso #3: Revise y supervise físicamente

Su hijo está sentado en el sofá pegado a su teléfono, tocando la pantalla con sus dedos, riéndose de la graciosidad de su publicación, y completamente ignorante de lo que está pasando a su alrededor. ¿Esto le suena familiar? Yo animo al padre que se encuentra en esta situación, que camine hasta donde está su desprevenido adolescente, concentrado en su texto, y le quite de sus pequeñas y calientes manos SU teléfono cuando él esté a la mitad de su texto (recuerde que a él no le pertenece nada en su casa). La reacción de su hijo cuando usted le quite SU teléfono será muy instructiva. Si él resguarda el teléfono en su pecho, se sienta en él, o corre a la calle con él – usted tiene un verdadero problema. Solo debe haber una reacción aceptable, que él le entregue calmadamente el teléfono. Cuando usted tiene SU teléfono en su mano, parado en frente de su desconcertado hijo, tómese uno o dos minutos y revise sus mensajes de texto o sus publicaciones de Instagram. Esta es una supervisión al azar. Es posible que encuentre algunas cosas que le preocupen, pero más que nada, usted está haciendo esto para causar un efecto específico. Usted está haciendo la declaración: Este es mi teléfono, estoy monitorizando lo que está pasando y yo te quiero mucho.

Paso # 4: Instale una aplicación para notificar al padre

El supervisar la actividad de su hijo en línea puede parecerle como si se tratara de un trabajo de tiempo completo. No es fácil. Yo le recomiendo que instale una aplicación (App) para notificar al padre en el dispositivo móvil de su hijo. Hay muchas de donde escoger y varían en costo y funciones. A continuación usted encontrará algunas de las funciones que posiblemente desee buscar, cuando seleccione la aplicación correcta para usted:

- Que proporcione una navegación segura por internet

- Que reduzca o no permita escribir textos al conducir

- Que rastree y localice los dispositivos móviles de sus hijos

- Que controle los límites de tiempo que sus hijos pasen frente a la pantalla

- Que le permita ver todas las aplicaciones en los dispositivos móviles de su hijo

- Que ayude a supervisar los textos y actividad de navegación

- Que bloquee las compras a través de las aplicaciones

- Que bloquee el sitio YouTube y otros contenidos con restricciones de edad

 Soy un gran fan de Bark, una aplicación de notificación para padres que bloquea sitios web inapropiados, monitorea textos, correo electrónico, y redes sociales. Funciona tanto en iPhones como en teléfonos Android. Tengo un código promocional para usted. Ingrese "cybersafetycop" cuando se registre para obtener un 15% de descuento en su suscripción para siempre. Bark está disponible en la tienda de aplicaciones de Apple, Google y en www.bark.us.

Paso #5: Cargue los dispositivos móviles, por la noche, en la habitación de los padres

En el capítulo "Cree un balance en la vida de su hijo," expliqué por qué el tener un teléfono o dispositivo móvil, por la noche, en la habitación de un niño es dañino. Cuando usted recoge el dispositivo móvil de su hijo y se lo lleva a su habitación durante la noche, tómese un par de minutos para revisar su actividad en línea. Esta es una búsqueda más profunda que el chequeo rápido y al azar que hicimos en el paso # 3. Busque en las cuentas de sus medios sociales, correos y mensajes electrónicos, aplicaciones (Apps) instaladas e historial de navegación.

Paso # 6: Encontré un problema, ¿y ahora qué?

Yo recibo mensajes de correos electrónicos y mensajes de Facebook de parte de padres que viven en diferentes partes de los Estados Unidos, después que han encontrado algún tipo de actividad preocupante en el teléfono de su hijo. A continuación le muestro un mensaje que recibí de Mary, una madre que asistió a mi seminario para padres en la escuela de su hija.

"Hola, mi nombre es Mary y recientemente descubrí que mi hija de 14 años de edad, ha estado enviando mensajes de texto con contenido sexual (sexting) a un estudiante de 9º grado en su escuela. Esto pasó en diciembre. Le quité el teléfono pero ella todavía tiene una tableta Chromebook que la escuela requiere que la tenga, y tiene acceso a las salas de charlas (chat rooms). Recientemente ingresé a mi teléfono, el cual está enlazado con sus cuentas, y así puedo ver sus mensajes. El mes pasado descubrí que ella le estaba enviando mensajes de texto con contenido sexual a un hombre mayor. En diciembre, cuando por primera vez descubrí el teléfono, fui a la escuela. Me dijeron que era un área gris y que no podían ayudarme, y me refirieron al oficial de la policía en el plantel escolar. Estoy desesperada, enojada, molesta y devastada. No sé a quién acudir. Espero que usted pueda guiarme en la dirección correcta."

La historia de Mary no es única. Ella comparte los mismos sentimientos de enojo, tristeza y desesperación que cualquier padre que me ha contactado, siente cuando ellos encuentran algo alarmante en el teléfono de su hijo. Si usted se encuentra en una situación similar, no se asuste. Los niños cometen errores, pero estos no tienen que definirlos. Cada situación es diferente. Desafortunadamente, no hay, figurativamente, un árbol de decisiones simples que podamos seguir para resolver cada situación imaginable. A continuación encontrará algunas sugerencias que pueden ayudarle a guiarlo en la dirección correcta:

- En casos de acoso o intimidación (bullying) u otro comportamiento inapropiado que involucre a otro estudiante, trate de contactar primero al otro padre de familia. Si eso es imposible o ineficaz, consulte con el administrador de su escuela.

- Para mensajes de textos con contenido sexual, uso de drogas, autolesiones y otros tipos de comportamientos de alto riesgo, comuníquese con el oficial de policía de su escuela y el consejero escolar para solicitar ayuda.

- Todas las amenazas de violencia deben ser referidas inmediatamente a su departamento de policía local.

Aplicaciones Populares y Juegos

Elegir la aplicación o el juego de redes sociales adecuado para su hijo es esencial para mantenerlos seguros en su mundo digital. Este capítulo del libro le dará nuestras recomendaciones y configuración de control parental para algunas de las aplicaciones y juegos de redes sociales más populares. Siempre aparecen nuevos juegos y aplicaciones en el radar de su hijo. Si no puede encontrar la aplicación que su hijo está pidiendo aquí, visite nuestro sitio web, www.cybersafetycop.com, para obtener revisiones y guías actualizadas de la aplicación.

Antes de que podamos discutir qué aplicación es segura o no debe permitirse en el dispositivo de su hijo, debe tener una tienda de aplicaciones protegida con contraseña a la que su hijo no pueda acceder por su cuenta. Antes de "aprobar" una aplicación, pregunte:

1. ¿Es apropiada la edad para esta aplicación?

Algunos contenidos pueden contener consumo de drogas, violencia, y pornografía incluso cuando la tienda de aplicaciones dice que está clasificado para niños de 12 años o más. Además, la edad mínima para las redes sociales como TikTok, Instagram, etc. es de 13 años, que fue establecida por la Regla de Protección de la Privacidad en Línea de los Niños ("COPPA").

2. Si mi hijo está publicando imágenes y otra información personal, ¿se puede hacer privada?

Como se explica en el capítulo, Reputación en línea & Privacidad, la configuración de privacidad es la parte de un sitio web de redes sociales, navegador de Internet, pieza de software, etc. que le permite controlar quién ve información sobre usted. Una configuración "privada" bloquea la visualización casual del contenido de sus redes sociales. Un usuario primero debe pedir permiso para que se le conceda acceso a su contenido, a continuación, puede decidir permitir entonces en si o no. Una configuración de privacidad "pública" o "abierta" da a todos acceso al contenido de la cuenta, sin necesidad de pedir permiso.

3. ¿Pueden extraños o personas anónimas ponerse en contacto con mi hijo a través de esta aplicación?

Si un extraño o alguien que es anónimo puede interactuar con su hijo en línea, usted esperará previsiblemente encontrar acoso, amenazas, y comportamiento depredador. Los controles parentales a menudo son útiles para bloquear esto.

4. ¿Puedo revisar o monitorear lo que mi hijo está enviando o recibiendo en esta aplicación?

Por último, ¿puede revisar lo que su hijo está haciendo en línea? ¿Á instalado una aplicación, como Bark, para monitorear y alertar sobre comportamientos preocupantes? Si la respuesta es no, entonces usted no estará contento con el resultado. En este escenario, usted está esperando que su director de escuela, oficial de policía escolar, u otro padre le diga que su hijo necesita ayuda. Recoger las piezas después de semanas o meses de trauma es infinitivamente más difícil que intervenir antes de que las cosas se salgan de control.

Si no puede responder lo suficiente a las cuatro preguntas anteriores, entonces debe considerar seriamente no permitir la aplicación en el dispositivo de su hijo.

 TikTok (Clasificado 12+, Redes sociales, Imagen y Uso Compartido de Vídeo)

Descripción de la tienda de aplicaciones: "TikTok es una comunidad global de vídeo. Te facilitamos ver increíbles vídeos cortos Y también puedes hacer tus propios vídeos capturando esos divertidos y memorables momentos para compartir con el mundo. Condimenta tus vídeos con nuestros filtros de efectos especiales, calcomanías divertidas, y mucho más. La vida se mueve rápido, así que haz que cada segundo cuente." Aunque la tienda de aplicaciones califica a TikTok para niños mayores de 12 años, el creador de la aplicación recomienda a los usuarios tener más de 13 años. La aplicación no está clasificada como red social, pero todavía debe cumplir con la COPPA y la recopilación de datos de menores de edad. Incluso un estudiante de secundaria de 13 años está potencialmente en riesgo usando esta aplicación a menos que los padres son muy conscientes de los diversos problemas.

Problemas: Después de descargar TikTok y abrirlo en su teléfono, un video comenzará a reproducirse de inmediato sin que siquiera seleccione uno. Para explorar más, pruebe el icono de lupa junto al icono de inicio, donde puede buscar palabras clave y hashtags: sí, TikTok usa hashtags. Buscar con los hashtags problemáticos típicos a menudo revela imágenes y videos inapropiados. Después de experimentar, no encontramos mucho. No hay garantía de que este siempre sea el caso.

En cuanto a la idoneidad del contenido típico, las malas palabras y las letras sexuales que se encuentran en la música popular a menudo son sincronizadas con los labios por un niño. También ha habido algunos informes de videos que representan autolesión y violencia, en la aplicación.

Controles parentales: Si su hijo va a usar esta aplicación, debe activar los controles parentales. TikTok también tiene una característica llamada Emparejamiento Familiar. El emparejamiento familiar vincula la cuenta TikTok de un padre a la de su hijo adolescente y, una vez habilitada, podrá controlar las funciones de bienestar digital.

1. Establezca la configuración de privacidad en privado siguiendo los pasos del 1 al 4.

2. Asegúrese de que los ajustes de seguridad estén configurados como se muestra en el último paso.

Con una cuenta privada, su hijo adolescente puede aprobar o denegar seguidores y restringir su contenido subido y mensajes entrantes solo a los seguidores. Si su hijo adolescente tiene un perfil público, cualquier persona que haya iniciado sesión en TikTok puede ver los videos públicos de ese usuario. Sin embargo, solo los seguidores aprobados pueden enviarles un mensaje.

Por Favor recuerde: Incluso con una cuenta privada, la información del perfil, incluyendo foto de perfil, nombre de usuario y biografía - será visible para todos los usuarios. Aconseje a su hijo adolescente que no revele información personal como la edad, la dirección, o el número de teléfono en su perfil.

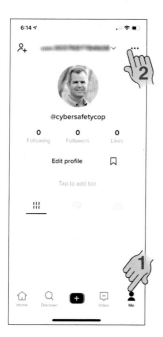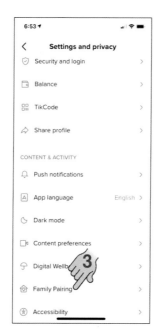

Además de los controles parentales en la aplicación de su hijo, TikTok también tiene una función de control parental esencial llamada, Emparejamiento Familiar. El Emparejamiento Familiar vincula la cuenta TikTok de un padre a la de su hijo adolescente y, una vez habilitada, podrá controlar las funciones de bienestar digital de TikTok.

Para habilitar el Emparejamiento Familiar, se requieren dos dispositivos: la cuenta TikTok de un padre o tutor, así como la cuenta TikTok del adolescente que ha iniciado sesión. Siga los pasos que se indican a continuación en el dispositivo del padre:

Deténgase cuando tenga el código QR que se muestra en el dispositivo del padre. Ahora, es hora de vincular la aplicación TikTok del niño. Abra la aplicación TikTok del niño y vaya al Emparejamiento Familiar en la configuración, tal como lo hizo en el dispositivo principal. Elija Adolescente y, a continuación, haga clic en Siguiente. Escanee el código QR desde el dispositivo del padre y, a continuación, elija vincular cuentas. Ahora, desde el dispositivo de los padres, puede administrar el tiempo de pantalla de TikTok, restringir el contenido inapropiado, desactivar la búsqueda y administrar la privacidad. El dispositivo del niño no puede deshacer esta configuración.

Recomendación: *Seguro para niños de más de 13 años con control y supervisión parentales.*

 Instagram (Clasificado 12+, Red social, Imagen y Uso Compartido de Vídeo)

Instagram es una aplicación de red social utilizada para compartir fotos y vídeos a través de Historias, Feed, En Vivo, IGTV o Mensajes Directos. La edad mínima para tener una cuenta de Instagram es de 13 años.

Problemas: Instagram es una de las aplicaciones de redes sociales más comunes que se encuentran en los dispositivos de los adolescentes, lo que la pone en la primera línea del acoso cibernético, las amenazas y el sexteo. Instagram no tiene controles parentales en el sentido tradicional, lo que hace que sea más difícil para los padres administrar y apoyar a su hijo en esta aplicación que como en una aplicación como TikTok.

Hay un montón de contenido inapropiado en Instagram, incluyendo pornografía. Desafortunadamente, no se puede filtrar.

Instagram tiene una función de mensajería instantánea llamada Mensajes Directos. Es posible que haya oído a los adolescentes hablar sobre "DM's," esto es argot para Mensajes Directos. Si solo está siguiendo a su hijo en Instagram, no está viendo lo que está sucediendo en el DM. Su hijo lo sabe, así que aquí es donde están muchos de los problemas. Puede chatear con una persona o en grupo. Puede enviar texto, imágenes, o vídeos. Instagram tiene un mensaje llamado Vanish Mode. Es la toma de Instagram de los mensajes que desaparecen similar come los de Snapchat. Activar el modo Vanish Mode le permite enviar mensajes que se autodestruirán después de que todos en el hilo de mensaje los hayan visto. De forma similar a Snapchat, Instagram enviará una notificación si el destinatario toma una captura de pantalla (nada le notificará si alguien toma una foto de una pantalla usando la cámara de un teléfono diferente) del mensaje enviado en modo Vanish. Además, puede denunciar un mensaje como abusivo incluso si ya ha desaparecido. No puede desactivar la función Vanish Mode. No puede impedir que su hijo envíe o reciba mensajes que desaparezcan. Incluso si su hijo tiene una cuenta privada, los extraños todavía pueden enviarles un mensaje.

Controles Parentales: Como se mencionó anteriormente, Instagram no tiene controles parentales. Hay ajustes que harán que su hijo sea más seguro en Instagram. Desafortunadamente, su hijo puede cambiar cualquier ajuste a su gusto. En el momento de la publicación de este libro, no hay manera de bloquear esos ajustes de ser manipulados. Espero que Instagram cambie esto próximamente en el futuro.

La primera opción para hacer que Instagram sea más seguro para su hijo adolescente es la configuración de privacidad de la cuenta. Todas las cuentas de redes sociales de su hijo, no solo Instagram, deben establecerse en Privado. Siga los pasos a continuación:

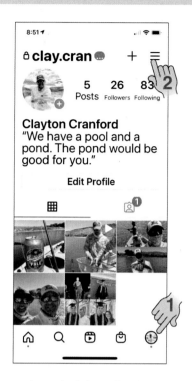

Segundo, administre las interacciones en la configuración de Comentarios. Siga los pasos a continuación:

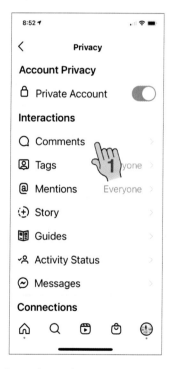
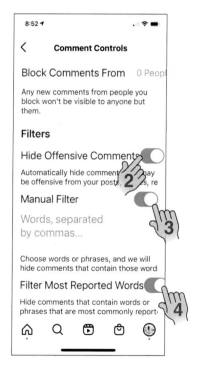

1. Choose **Comments**

2. Turn on **Hide Offensive Comments**

3. Turn on **Manual Filter**. You can add any words here that you'd like filtered out. A list suggested words can be found online with a Google search.

4. Turn on **Filter Most Reported Words**.

Saber cómo denunciar comentarios abusivos, cuentas, o contenido inapropiado es una habilidad importante. Todos los informes en Instagram son anónimos. Anime a su hijo adolescente a reportar contenido o comportamiento que sea dañino. Así es como se hace:

Cómo reportar toda la cuenta

Toque el **...** botón en la esquina superior derecha del perfil de usuario infractor.

Toque Informe. Después puntee Spam o Es inapropiado (dependiendo del motivo del informe) y, después, elija las preguntas de seguimiento que mejor describen por qué se debe reportar esta cuenta. También puede bloquear esta cuenta aquí.

Cómo reportar publicaciones individuales

Toque el **...** botón en la esquina superior derecha de la publicación ofensiva.

Toque Informe. Después, puntee Spam o Es inapropiado. Después, elija cualquier ruta que mejor se adapte a la razón por la que reporta la publicación. También puede bloquear esta cuenta aquí.

Cómo informar comentarios individuales

Deslice el dedo hacia la izquierda en el comentario en sí y toque $\boxed{!}$.

Toque Reportar este Comentario, y después siga cualquier ruta que se adapte mejor a la razón por la que reporta el comentario. También puede bloquear esta cuenta aquí.

Cuentas Secretas de Instagram "Cuentas de Fintas y Spam"

No es raro que los adolescentes tengan más de un Instagram por razones completamente inocentes. Son comúnmente conocidos como "fintas," o cuentas falsas de Instagram. Se trata de secreto e imagen, pero sobre todo imagen. Los adolescentes crearán varias cuentas con sus seguidores en mente.

Pueden tener una cuenta que todos en su escuela siguen. Las imágenes e historias publicadas en un lugar como este serán altamente curadas y editadas para hacer que el adolescente se vea lo más fresco y fabuloso posible. Obviamente, las imágenes e historias son engañosas y hacen que la persona se vea más increíble y divertida que en la vida real. ¿Ee pregunta por qué los adolescentes se deprimen cuando miran sus redes sociales? Piensan que viven una vida horrible basada en lo que todos los demás están publicando, pero por supuesto la persona que están admirando está haciendo lo mismo cuando miran sus redes sociales. La fama y la belleza en Instagram es una ilusión. Los adolescentes crearán otras cuentas, a menudo llamadas cuentas de "spam" para un grupo mucho más pequeño de amigos. Es posible que necesiten más de una cuenta de spam para acomodar diferentes grupos de amigos. Por ejemplo, un estudiante podría tener una cuenta de spam para sus amigos en su equipo deportivo y otra para su grupo juvenil de la iglesia. Los adolescentes incluso pueden crear una cuenta que le hacen saber a sus padres, y compartir cuidadosamente solo contenido que sea "seguro para los padres."

¿Cómo sabré si mi hijo tiene una cuenta secreta de Instagram?

En primer lugar, recomiendo iniciar sesión en la cuenta de Instagram de su hijo en su dispositivo. La aplicación de Instagram le permitirá tener hasta cinco cuentas que iniciaron sesión en su aplicación simultáneamente. A Instagram no le importa si dos o más personas han iniciado sesión en la misma cuenta al mismo tiempo. Siga los pasos que se indican a continuación para añadir cuentas adicionales a su aplicación de Instagram:

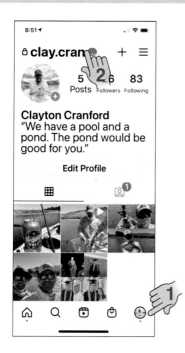 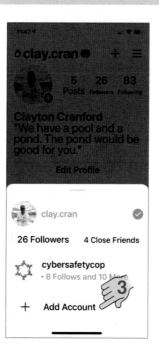 

1. Vaya a su página de perfil tocando el botón del icono de perfil en la esquina inferior izquierda de la aplicación.

2. Toque en su nombre de usuario en la parte superior de la aplicación.

3. Se abre un panel en la parte inferior de la aplicación. Toque Agregar Cuenta para agregar una cuenta a su aplicación. Debe tener el nombre de usuario y la contraseña para hacer esto.

Descubriendo cuentas secretas

Siga los mismos pasos en el dispositivo de su hijo. Todas sus cuentas aparecerán justo encima del botón Agregar Cuenta.

¿Hay aplicaciones parentales que me ayudarán a administrar Instagram?

 Sí, hay aplicaciones de control/notificaciones parentales disponibles para ayudarle a proteger a su hijo en Instagram. Bark es el mejor del mercado y lo he estado usando en los celulares de mis hijos desde hace un par de años. Funciona tanto en iPhones como en celulares Android. Se ejecutará en segundo plano, supervisará pasivamente los mensajes y comentarios directos y le avisará cuando detecte actividad peligrosa.

Tengo un código promocional para usted. Ingresé "cybersafetycop" cuando se registre para obtener un 15% de descuento en su suscripción para siempre. Bark está disponible en la tienda de aplicación de Apple, Google, y en www.bark.us.

¿Cómo y cuándo debo darle Instagram a mi adolescente?

Mi primera recomendación es esperar todo el tiempo que pueda para darles Instagram. Recomendaría que su hijo este en la preparatoria antes de que reciba Instagram. Cuando decida darles Instagram, dígales que hay algunas reglas que deben seguir si quieren una cuenta:

1. Usted (como padre) debe conocer el nombre de usuario y la contraseña de TODAS sus cuentas, incluso las fintas.

2. La cuenta debe ser Privada.

3. Sus seguidores deben ser personas que conocen en la vida real (IRL), y personas en las que confían.

4. No se les permite utilizar el Vanish Mode o cualquier otro mensaje que desaparezca.

5. Usted (como padre) tiene el 100% acceso a su celular y cuenta de Instagram en cualquier momento que desee revisar.

Por último, dígales que, si no cumplen con estas reglas, habrá consecuencias. Dígales por adelantado cuáles serán las consecuencias. Sea lo que sea, asegúrese de que sea suficiente para disuadir desobedecer las reglas, y algo que razonablemente puede imponer. Debe seguir adelante con la disciplina.

Recomendación: Seguro para niños de 14 años o mas con control y supervisión parentales.

YouTube (Clasificado 17+, Video en vivo y uso compartido, red social)

Descripción de la tienda de aplicaciones: "YouTube es un servicio de intercambio de vídeos donde los usuarios pueden ver, compartir, comentar y subir sus propios vídeos. Se puede acceder al servicio de vídeo en PC, portátiles, tabletas y a través de teléfonos móviles."

Problemas: YouTube siempre está entre las tres aplicaciones más utilizadas por los niños. Es justo decir que los padres tienen una relación de amor / odio con esta aplicación. El tiempo excesivo de pantalla es un problema con esta aplicación. Niños pierden mucho tiempo viendo la interminable transmisión de videos. Cada video termina con una sugerencia para otro video y otro video. Lo que dificulta la regulación del tiempo de pantalla es el hecho de que muchas escuelas y profesores la están utilizando como fuente de videos educativos.

Muchos padres han aprendido de la manera difícil que gran parte del contenido en YouTube no es para niños pequeños. A menudo tengo padres que se acercan a mí para obtener consejos después de que su hijo de primaria es expuesto a contenido gráfico. Una pregunta hecha a menudo por los padres es ¿cuál es la edad apropiada para un niño sin supervisión en YouTube? A menos que esté sentado al lado de su hijo mientras están viendo YouTube, no puede controlar eficazmente lo que pueden ver. La descripción de la aplicación de YouTube califica su aplicación como apropiada para mayores de 17 años. ¿Cuál es la edad adecuada para un niño sin supervisión en YouTube? La misma edad que le permitiría a su hijo ver una película con clasificación R. Todo lo que pueden ver en una película con clasificación R pueden ver en YouTube.

Controles parentales: YouTube tiene una especie de filtro llamado modo restringido. Mi experiencia es que no es 100%, pero todavía debe ser habilitado. Siga los pasos a continuación:

Versión de Escritorio

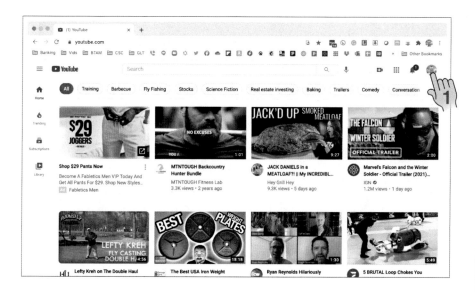

Debe haber iniciado sesión en la cuenta de YouTube que usará su hijo.

1. Haga clic en su **imagen de perfil**.

2. Haga clic en la flecha **Modo Restringido**.

3. Haga clic en el **Activar Modo Restringido** deslizante para activar.

4. Haga clic en **Bloquear Modo Restringido** en este Explorador.

5. Introduzca la contraseña de su cuenta de Google para bloquear el Modo Restringido activado.

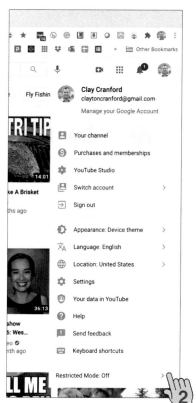

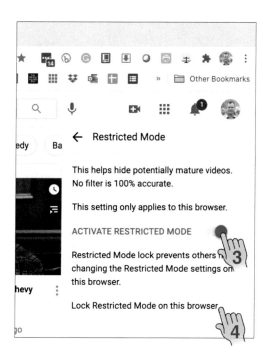

Versión de la Aplicación Móvil

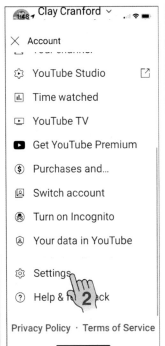

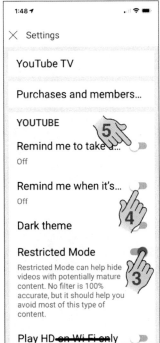

Debe haber iniciado sesión en la cuenta de YouTube que usará su hijo.

1. Haga clic en su imagen de perfil.

2. Haga clic en Configuración.

3. Haga clic en el control deslizante Modo Restringido para activar.

Nota: No se puede bloquear el modo restringido en la aplicación móvil.

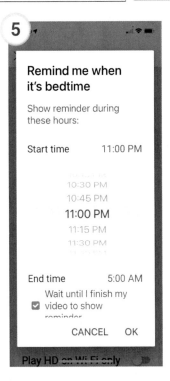

También puede establecer recordatorios útiles para los descansos de pantalla y para la hora de acostarse. Estos son solo recordatorios, no apagarán YouTube.

4. Encienda **Recuérdame que me tome un descanso** para establecer una alerta de recordatorio cuando haya estado viendo demasiado tiempo.

5. Encienda el **Recuérdame cuándo es hora de acostarme** para poner una alarma para dormir.

Recomendación: *Utilice con precaución. Seguro para niños de 13 a 15 años con control y supervisión parentales; Seguro para niños de 16 años o mas con controles y supervisión parentales ocasional. Para menores de 13 años, utilice la aplicación YouTube Kids*

YouTube Kids (Clasificado 4+, Video en Vivo)

Descripción de la tienda de aplicaciones: YouTube Kids fue creado para dar a los niños un ambiente con contenido lleno de videos familiares con temas diferentes, encendiendo la creatividad interior y diversión de sus hijos. Los padres y cuidadores pueden guiar el viaje a medida que sus hijos descubren nuevos y emocionantes intereses en el camino.

Problemas: No hay problemas significativos. YouTube ha mejorado su selección de vídeos y controles parentales.

Controles Parentales: YouTube Kids permite a los padres iniciar sesión crear un perfil separado para cada niño de su hogar. Cada perfil tiene un conjunto separado de preferencias y recomendaciones de visualización, lo que permite a varios niños sacar el máximo partido a la aplicación YouTube Kids.

Los perfiles están disponibles en cualquier dispositivo donde el padre haya iniciado sesión y la aplicación YouTube Kids esté instalada. Aprenda más.

Para crear un perfil de YouTube Kids para su hijo, vaya a www.youtubekids.com o use la aplicación YouTube Kids disponible en la tienda de aplicaciones Apple o Google. Las siguientes instrucciones son para el sitio web, pero la configuración de la aplicación es idéntica.

1. Abra la aplicación YouTube Kids o vaya a www.youtubekids.com, y siga las instrucciones que aparecen en pantalla.

2. Cuando se le pida, entre el año que nació.

3. Elija si desea iniciar sesión o no en la aplicación para obtener mayor acceso a las características y controles parentales. Yo le recomiendo que inicie sesión en su cuenta Google. Si aún no tiene una cuenta de Google, agregue o cree una cuenta de Google siguiendo las indicaciones. Después de agregar su cuenta, toque Iniciar Sesión.

4. Configure un perfil para su hijo. Cuando provee el mes de nacimiento, la aplicación usará esto para proporcionar con mayor precisión una experiencia apropiada a su edad. Solo usted y su hijo pueden ver esta información.

5. Seleccione una experiencia de contenido para su hijo.

    - Preescolar (menores de 4 años)

    - Joven (edades 5-7)

    - Mayores (edades 8-12)

    - Aprobar contenido usted mismo

        ○ El ajuste de contenido preescolar (edades menores de 4 años) permite a los niños ver videos que promueven la creatividad, la diversión, el aprendizaje, y la exploración. Los resultados de búsqueda en preescolar están limitados al contenido recomendado para niños menores de 4 años. Nuestros sistemas trabajan duro para excluir contenido no adecuado para niños en preescolar, pero no todos los videos han sido revisados manualmente. Si encuentra algo inapropiado que perdimos, puede bloquearlo o marcarlo para una revisión rápida.

○ El ajuste de contenido Joven (edades 5-7) permite a los niños buscar y explorar canciones, dibujos animados, artesanías, y más. Nuestros sistemas trabajan duro para excluir contenido no adecuado para niños jóvenes, pero no podemos revisar manualmente todos los videos. Puede que encuentre algo inapropiado que perdimos. Con esta configuración, los resultados de búsqueda se limitarán al contenido para niños menores de 7 años. Tenga en cuenta que, si desea desactivar la búsqueda, puede hacerlo siguiendo las instrucciones en la configuración de los padres.

○ El ajuste de contenido para mayores (edades de 8 a 12 años) permite a los niños buscar y explorar videos musicales adicionales, juegos, ciencias, y más. Nuestros sistemas intentan excluir contenido maduro, pero no podemos revisar manualmente todos los vídeos. Puede que encuentre algo inapropiado que perdimos. Con esta configuración, los resultados de búsqueda se limitan al contenido recomendado para niños menores de 12 años. Tenga en cuenta que, si desea desactivar la función buscar, puede hacer este registro siguiente en la configuración de los padres.

○ Con Aprobar contenido usted mismo, su hijo solo podrá ver videos, canales, o colecciones que haya aprobado. Las colecciones son vídeos y canales agrupados por temas como la ciencia y la música. Con esta configuración, su hijo no podrá buscar.

Nota sobre cómo elegir el perfil de contenido adecuado para su hijo: Si elige entre los tres ajustes de contenido basados en la edad (es decir, preescolar, más joven y mayor), confía en YouTube para administrar lo que ven. Así es como lo describen: "Nuestros sistemas automatizados seleccionan contenido del universo más amplio de videos en YouTube. Trabajamos duro para excluir contenido que no es adecuado para niños, pero no podemos revisar manualmente todos los videos y ningún sistema automatizado es perfecto. Si encuentra algo inapropiado, puede bloquearlo o denunciarlo para una revisión rápida." YouTube Kids no ha tenido un registro perfecto de evitar que videos inapropiados entren en su transmisión de video. Para la configuración más segura y restrictiva, se recomienda elegir **Aprobar contenido usted mismo** y desactivar la **búsqueda**. Siempre puede cambiar la configuración de contenido. También recomendamos usar un código de acceso personalizado y no el desafío de multiplicación fácilmente derrotado.

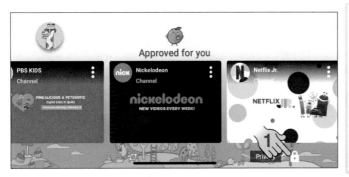

1. Toque 🔒 en la esquina inferior de cualquier página de la aplicación.

2. Complete el problema de multiplicación o lea e introduzca los números que aparecen. O bien, introduzca su código de acceso personalizado.

3. Seleccione ⚙ Configuración.

Cambiar la configuración de control parental después de configurar el perfil de su hijo, solo contenido aprobado

En esta configuración, su hijo solo podrá ver videos, canales, y colecciones que haya elegido manualmente. Las colecciones son vídeos y canales agrupados por temas, como ciencia y música, elegidos por los equipos de YouTube Kids o por nuestros socios.

1. Seleccione el perfil de su hijo e introduzca la contraseña de su cuenta principal para modificar la configuración.

2. Seleccione **Contenido aprobado** solo para habilitar.

3. Revise la información en la ventana emergente "Introducción."

4. Seleccione **Seleccionar**.

5. Toque el icono + de cualquier colección, canal, o video para aprobar el contenido que desee poner a disposición de su hijo.

6. Seleccione HECHO en el cuadro rojo en la parte inferior de la pantalla para salir.

Nota: Puede editar la lista de colecciones, canales, y vídeos que ha aprobado en cualquier momento tocando **Administrar** en la configuración "Solo contenido aprobado." Mientras aprueba el contenido, puede obtener una vista previa de cómo será la experiencia de su hijo tocando **AVANCE**. También puede desactivar "Solo contenido aprobado" en cualquier momento volviendo a Configuración.

Desactivar la búsqueda

Puede restringir la experiencia de su hijo a un conjunto más limitado de videos desactivando la función Buscar.

Con la función Buscar **desactivada**, su hijo no puede buscar videos. Su hijo también se limitará a los videos y canales que han sido verificados por YouTube Kids.

Con la función Buscar activada, su hijo puede buscar nuevos videos que le interesen de los millones disponibles en la aplicación YouTube Kids.

Nota: Tenga en cuenta que siempre existe la posibilidad de que su hijo encuentre algo que no desee que vea. Puede reportar este contenido para su revisión rápida.

Para desactivar la función Buscar, active Permitir que la búsqueda se **desactive** en ⚙ Configuración.

Si desactiva la búsqueda, se borrará el historial de búsqueda y vigilancia de la aplicación. Esto reinicializara Vídeos recomendados y Véalo de nuevo.

 Snapchat (Clasificado 13+, Redes sociales, Imagen y Uso compartido de vídeo)

Esta aplicación extremadamente popular que permite al usuario enviar una imagen, texto, o vídeo a otro usuario de Snapchat. Lo que hace que esta aplicación sea especial es que el remitente puede asignar una vida útil al mensaje, hasta 10 segundos.

Problemas: En primer lugar, Snapchat puede enviar mensajes autodestructivos que desaparecen después de que el destinatario abre el mensaje y el temporizador cuenta hasta cero. Esto da al remitente la impresión de que pueden enviar un "snap" sin las consecuencias de enviar una imagen o video inapropiado. Snapchat es la aplicación de sexting número uno. Las imágenes se pueden capturar en una captura de pantalla o tomando una foto con un segundo dispositivo. En segundo lugar, de forma predeterminada, Snapchat comparte la ubicación GPS exacta del usuario en un mapa, que se encuentra en la pantalla de búsqueda de la aplicación. Esta característica comparte la ubicación GPS del usuario 24/7, incluso si no está utilizando activamente la aplicación. Se ejecuta en el fondo de la aplicación. Esto se puede bloquear activando el Modo Fantasma. El Modo Fantasma no puede ser bloqueado por los padres. Esta función puede ser activada o desactivada en cualquier momento por el usuario. En tercer lugar, Snapchat tiene una carpeta protegida con contraseña llamada "Sólo para Mis Ojos." Cualquier imagen o vídeo se puede mover aquí y solo se puede ver con un código pin de cuatro dígitos creado por el usuario.

Controles parentales: Ninguno.

Recomendación: *No es seguro para niños de cualquier edad. Recomiendo encarecidamente a los padres que no le den esta aplicación de redes sociales a sus hijos menores de 18 años.*

Discordia (Discord) (Clasificación 12+, Red social, Juegos, Vídeo y Audio en Vivo, Chat)

Discord se describe a sí mismo como: "una aplicación gratuita de voz, video, y chat de texto que es utilizada por decenas de millones de personas de más de 13 años para hablar y pasar el rato con sus comunidades y amigos. La gran mayoría de los servidores son espacios privados solo para invitar a grupos de amigos y comunidades a mantenerse en contacto y pasar tiempo juntos. También hay comunidades más grandes y abiertas, generalmente centradas en temas específicos de juegos populares como Minecraft y Fortnite. Todas las conversaciones son optar entrar, por lo que las personas tienen control total sobre con quién interactúan y cuál es su experiencia en Discord."

Debe tener 13 años para tener una cuenta de Discord. Sitio web de Discord: "Discord es un servicio de comunicaciones para adolescentes y adultos que buscan hablar con sus comunidades y amigos en línea. No permitimos a menores de 13 años en nuestro servicio, y animamos a nuestros usuarios a reportar cuentas que pueden pertenecer a personas menores de edad."

La discordia tiene su propio vocabulario. Es posible que escuche a su hijo adolescente o a sus estudiantes usando estas palabras cuando hablen de discordia.

Servidor: Los servidores son los espacios de Discord. Son hechos por comunidades específicas y grupos de amigos. La gran mayoría de los servidores son pequeños y solo por invitación. Algunos servidores más grandes son públicos. Cualquier usuario puede iniciar un nuevo servidor de forma gratuita e invitar a sus amigos.

Canal: Los servidores discord se organizan en canales de texto y voz, que normalmente se dedican a temas específicos y pueden tener reglas diferentes.

- En los canales de texto, los usuarios pueden publicar mensajes, cargar archivos, y compartir imágenes para que otros las vean en cualquier momento.

- En los canales de voz, los usuarios pueden conectarse a través de una voz o video llamada en tiempo real, y pueden compartir su pantalla con sus amigos - llamamos a esto Ir En Vivo.

DMs y GDMs: Los usuarios pueden enviar mensajes privados a otros usuarios como un mensaje directo (DM), así como iniciar una llamada de voz o video. La mayoría de los DMs son conversaciones individuales, pero los usuarios tienen la opción de invitar hasta nueve personas más a la conversación para crear un DM de grupo privado, con un tamaño máximo de diez personas. Los DMs de grupo no son públicos y requieren una invitación de alguien del grupo para unirse.

Ir En Vivo: los usuarios pueden compartir su pantalla con otras personas que están en un servidor o un DM con ellos.

Problemas: Si su hijo es un jugador, querrán esta aplicación. Está destinado a los adolescentes a charlar sobre sus juegos y crear un grupo de charlas cuando están jugando un juego cooperativo. Los adolescentes pueden acceder a la discordia a través de su PC, navegador, o teléfono móvil. Una vez ahí, pueden unirse a un chat al que han sido invitados o pueden crear servidores privados e invitar a sus amigos a jugar y discutir juegos por voz, texto, o video. También pueden enviarse mensajes individualmente o en chats de grupo.

Existe el potencial de una gran cantidad de interacción extraña en discordia. Los depredadores conocen que una de las mejores maneras de construir una relación con un niño y prepararlos para ser explotados sexualmente es a través de juegos en línea. La discordia es, y sigue siendo, terreno fértil para los depredadores. He aconsejado a docenas de padres en los últimos dos años que han tenido a su hijo explotado por un depredador en discordia. En 2020, 10 hombres fueron arrestados y condenados por utilizar servidores privados para producir e intercambiar pornografía infantil en Discord. Trabajaron activamente juntos para identificar las plataformas y perfiles de redes sociales de mujeres menores de edad, incluyendo a niñas de tan solo 10 años y planearon estrategias de cómo convencer a las niñas de que participaran en actividades sexualmente explícitas a través de una cámara web en vivo. Mientras fingían ser niños o niñas menores de edad, los depredadores transmitieron videos pregrabados de otros menores de edad que se dedicaban a conductas similares a objetivo de las víctimas en un esfuerzo por hacer creer a las niñas que estaban viendo un video en vivo de alguien de su edad. Las víctimas desconocían que se estaban comunicando con hombres adultos que estaban grabando su actividad sexualmente explícita. Tras grabar con éxito a una víctima, los acusados compartieron los vídeos sexualmente explícitos entre sí subiendo los archivos a los sitios de almacenamiento de archivos y colocando un enlace para descargar el archivo en una sección de su servidor privado discord. Hubo más de 172 víctimas.

La pornografía se puede encontrar fácilmente en los servidores privados de Discord. He aconsejado a muchos padres que han bloqueado sitios porno en los dispositivos de sus hijos solo para aprender que su hijo había estado consumiendo una cantidad ilimitada de pornografía en un servidor privado de Discord.

Controles Parentales: Hay ajustes de privacidad que ayudarán a limitar con quién su hijo puede chatear y posiblemente filtrar contenido explícito de los DMs.

Para acceder a la configuración de privacidad, haga clic en el icono ⚙ situado junto al nombre de la cuenta, que se encuentra en la parte inferior izquierda de la pantalla (versión del navegador de escritorio), después, haga clic en Privacidad y Seguridad.

Mensajería Directa Segura

Aquí puede bloquear mensajes directos que contienen contenido explícito de multimedia.

- **Mantenerme a salvo** - Con esta configuración, las imágenes y vídeos en todos los mensajes directos son escaneados por Discord y el contenido explícito está bloqueado. Esta configuración está activada de forma predeterminada.

- **Mis amigos son agradables** - Con esta configuración, todos los mensajes directos enviados por los usuarios que no están en su lista de amigos se escanean y el contenido explícito está bloqueado. Esta configuración es buena para aquellos que confían en sus amigos para no enviar contenido que no querrían ver.

- **No escanear** - con esta configuración, ninguno de los mensajes directos que reciba será escaneado o bloqueado en busca de contenido explícito.

Bloquear mensajes no deseados

- Es posible que solo desee que ciertas personas se pongan en contacto con usted. De forma predeterminada, siempre que esté en un servidor con otra persona, puede enviarle un mensaje directo (DM).

- Puede alternar **Permitir mensajes directos de los miembros del servidor** para bloquear los DMs de los usuarios de un servidor que no están en su lista de amigos. Si se ha unido a cualquier servidor antes de desactivar esto, deberá ajustar la configuración de DM individualmente para cada servidor al que se haya unido.

- Para cambiar esta configuración para un servidor específico, seleccione **Configuración** de Privacidad en la lista desplegable del servidor y active **Permitir mensajes directos de los miembros del servidor**.

Configuración de solicitud de amistad

Esta configuración le permite determinar quién puede enviarle una solicitud de amistad.

- **Todo el mundo** - Seleccionar esto significa que cualquier persona que conoce su etiqueta discordia o está en un servidor mutuo con usted puede enviarle una solicitud de amistad. Esto es útil si no comparte servidores con alguien y quiere dejar que le pidan amistad con solo su etiqueta discordia.

- **Amigos de amigos** - Seleccionar esto significa que para que cualquier persona le envíe una solicitud de amistad, deben tener al menos un amigo en común con usted. Puede ver esto en su perfil de usuario haciendo clic en la etiqueta Amigos mutuos junto a la etiqueta Servidores mutuos.

- **Miembros del servidor** - seleccionar esto significa que los usuarios que comparten un servidor con usted pueden enviarle una solicitud de amistad. Anular la selección significa que solo puede ser agregado por alguien con un amigo en común.

Si no desea estar abierto a CUALQUIER solicitud, puede anular la selección de las tres opciones. Sin embargo, todavía puede enviar solicitudes a otras personas.

Bloqueo de otros usuarios

Cuando bloquea a alguien en Discord, se eliminará de su lista de amigos (si estaban en ella) y ya no podrán enviarle DMs.

Cualquier historial de mensajes que tenga con el usuario permanecerá, pero cualquier mensaje nuevo que publique el usuario en un servidor compartido estará oculto de usted, aunque puede verlos si lo desea.

En el escritorio:

* Haga clic con el botón derecho en la @Username del usuario para abrir un menú.

* Seleccione **Bloquear** en el menú.

En el móvil:

* Toque la @Username del usuario para abrir el perfil del usuario.

* Toque los tres puntos en la esquina superior derecha para abrir un menú.

* Seleccione **Bloquear** en el menú.

Nota importante sobre los controles parentales de Discord

* No hay manera de bloquear estos ajustes. Su hijo podría cambiarlos en cualquier momento.

* No hay manera de restringir que su hijo se una a un servidor privado que contenga medios explícitos.

Recomendación: *La edad mínima segura es de 16 años.*

Si le preocupa el posible acceso de su hijo a la pornografía u otro material explícito, o si no tiene tiempo para monitorear activamente la actividad de discordia de su hijo, entonces esta aplicación de redes sociales no es para usted.

Si permite que su hijo mayor tenga discordia, le sugiero que compruebe su actividad iniciando sesión en su cuenta de Discord con su nombre de usuario y contraseña. Al iniciar sesión como su hijo, puede ver los servidores a los que se han suscrito en la columna de la izquierda. También puede revisar quiénes son sus amigos y cualquier mensaje directo desde la página de inicio de la aplicación.

 Kik Messenger (Clasificado 17+, Red Social, Mensajería Instantánea)

Kik Messenger es una aplicación gratuita de mensajería instantánea y red social que utiliza el plan de datos o la conexión Wi-Fi de su teléfono inteligente para enviar mensajes a otros usuarios de Kik, evitando SMS (servicio de mensajes cortos). Está disponible en iOS, Android, y Amazon para la tableta Kindle. Kik hace énfasis en la privacidad y el anonimato. En 2016, Kik Messenger tenía unos 300 millones de usuarios registrados, y era utilizado por un estimado del 40% de los adolescentes en los Estados Unidos. No ha revelado ninguna cifra de usuarios desde 2016.

Problema: Kik tiene una larga historia de depredadores usándolo para explotar a los niños. En 2019, parecía que Kik se iba a quedar sin negocio, pero en la undécima hora, fue comprado por una empresa estadounidense. Algunas de las características que hicieron la aplicación peligrosa fueron eliminadas; sin embargo, chatear a través de texto o video con extraños todavía es posible. Hay sitios web dedicados a emparejar extraños en Kik para compartir imágenes desnudas.

Controles Parentales: Ninguno

Recomendación: *No es seguro para niños de cualquier edad.*

Nota: Cualquier aplicación de mensajería instantánea que se pueda descargar desde la tienda de aplicaciones (por ejemplo, Signal, Telegram, WhatsApp, etc.) probablemente no será adecuada para un niño. La mayoría de las aplicaciones de mensajería facilitan la interacción extraña junto con el anonimato. Si su hijo quiere enviar un mensaje de texto a un amigo, le recomiendo que solo use la aplicación de mensajería que viene con el sistema operativo de sus teléfonos. Bark puede monitorear eficazmente la aplicación de mensajería de texto que viene con su teléfono.

 Reddit (Clasificado 17+, Chat, Tablero de Discusión)

Reddit se está convirtiendo rápidamente en una plataforma de red social que los adolescentes y adultos jóvenes están utilizando para discutir temas que son importantes para ellos con individuos que piensan igual. Para los jóvenes, es una fuente primaria de noticias, información, y entretenimiento, y la mayoría de los padres nunca han oído hablar de ella.

El concepto es simple: los usuarios de Reddit publican lo que quieran (incluyendo imágenes y videos) en tableros de mensajes, llamados subreddits, y otros usuarios comentan y arriba o abajo votan la publicación. Las historias o publicaciones más populares se vuelven más visibles y generan más discusión. Si una publicación genera suficiente discusión, se puede ver en la página principal de Reddit, conocida como el main-reddit. Un subreddit va precedido por los caracteres "r/" en la dirección URL. Por ejemplo, "r/planes" sería un subreddit sobre el tema general de los planos.

Del mismo modo, un subreddit titulado "r/stocks" se convertiría en el mercado de valores. ¿Desea discutir o encontrar información sobre literalmente cualquier tema? Es probable que encuentre un subreddit para usted, y si no, puede iniciar su propio subreddit.

Reddit es un sitio web y una aplicación móvil disponible para todos los dispositivos móviles. Cualquier persona puede navegar por Reddit y sus subreddits, pero para publicar, comentar, subir / bajar el voto, o iniciar un nuevo subreddit, usted debe ser un usuario registrado.

Problemas: ¿Puede mi hijo hablar con extraños en Reddit? Sí. La aplicación móvil de Reddit tiene una función de chat directo y salas de chat. No hay manera de saber con quién están hablando sus adolescentes en Reddit. Los redditors rara vez publican bajo su nombre dado, y no hay verificación de identidad (a menos que estés alojando una AMA – Pregúntame Cualquier Cosa). Eso significa que puede ser un lugar peligroso para los jóvenes, y una pesadilla para los padres, principalmente porque los Redditors a menudo hacen encuentros en persona.

El porno y otras formas de contenido inapropiado se pueden encontrar fácilmente en Reddit. Todo va en Reddit, siempre y cuando no sea material ilegal como la pornografía infantil. Muchos subreddits están etiquetados con NSFW. Este acrónimo significa "No Seguro Para el Trabajo." Las directrices de política de contenido de Reddit para NSFW incluyen: "El contenido que contiene desnudez, pornografía, o blasfemia, que un espectador razonable puede no querer que se vea accediendo en un entorno público o formal como en un lugar de trabajo debe ser etiquetado como NSFW. Esta etiqueta se puede aplicar a piezas individuales de contenido o a comunidades enteras."

Control Parental: Reddit no tiene controles parentales tradicionales. Los resultados de búsqueda de NSFW y la capacidad de ver subreddits NSFW se pueden desactivar en la configuración de la cuenta. El único problema es que el usuario bloqueado puede moverse fácilmente por este control parental. Si su hijo adolescente quiere ver contenido de NSFW, todo lo que tiene que hacer es entrar en la configuración y desmarcar ese control parental, o crear una nueva cuenta que el padre no sepa.

Recomendación: *No es seguro para niños de cualquier edad.*

 Houseparty (Clasificado 12+, Chat de Video en Grupo)

Descripción de la tienda de aplicaciones: Houseparty es la red social cara a cara donde puedes conectarte con las personas que más te importan. La aplicación hace que conectarse cara a cara sea sin esfuerzo, alertando cuando sus amigos están "en la casa" y listo para chatear para que pueda saltar directamente a la conversación. ¡Lo mismo ocurre cuando abre la aplicación! Sus amigos sabrán que está en la aplicación y listo para chatear, para que puedan unirse a usted (... porque las llamadas rechazadas son del pasado). Houseparty es realmente la mejor alternativa a pasar el rato en persona. Vea a sus amigos más a menudo en Houseparty.

Problemas: Las personas, tal vez personas que su hijo no conoce, pueden unirse al chat de video grupal de su hijo sin permiso si el grupo de chat no está bloqueado. Cuando un usuario está en un chat de grupo de Houseparty, una conexión de uno de los miembros del chat puede elegir unirse al grupo, aunque no esté conectado o conocido por los demás usuarios. Houseparty da la opción de bloquear sus conversaciones. Cuando una conversación está bloqueada, se notifica a todos que el usuario ha bloqueado la conversación, y si alguien quiere intentar unirse, se le impide hacerlo. Si permite que su hijo use Houseparty, le recomendamos que los ponga en el hábito de bloquear la conversación. Si alguien dentro de la conversación desbloquea el chat, se notifica a todos que la conversación ha sido desbloqueada.

Un problema importante con las aplicaciones de transmisión en vivo es el que a menos que el padre esté sentado en el hombro de su hijo, no sabrán lo que está sucediendo o se dice en el chat de video, haciendo que la responsabilidad de los niños que usan esta aplicación sea muy difícil.

Controles Parentales: Ninguno.

Recomendación: *Seguro para niños de 13 años o más.*

Temas para discutir con su hijo antes de cualquier aplicación de chat de video en vivo:

1. Los chats de video deben hacerse en un área común de la casa donde el padre puede ver libremente y

escuchar lo que está pasando.

2. Todas las conversaciones sobre Houseparty deben estar bloqueadas. Su hijo debe tener una regla permanente de que, si la conversación alguna vez se desbloquea, debe abandonar el chat. Nunca se les permite charlar con alguien que no conocen.

3. Hable con su hijo sobre la falta de privacidad en las redes sociales, y específicamente en esta aplicación. Un usuario de Houseparty no tiene control de lo que hace otro usuario, incluyendo tomar capturas de pantalla del chat grupal y/o grabación de vídeo de la conversación. Decir algo inapropiado, incluso en broma, puede tener consecuencias horribles.

4. Si uno de los participantes en el chat hizo algo inapropiado, su hijo debe abandonar el chat. Explíquenles, aunque no son ellos los que hacen lo inapropiado, al permanecer en el chat están aprobando silenciosamente el comportamiento.

5. Asegúrese de que los padres de los otros niños sepan que su hijo está teniendo un video chat con su hijo.

 Omegle (Clasificado 18+, Chat de Video en Vivo)

Omegle es un sitio web de chat en línea (www.omegle.com) que permite a los usuarios chatear en video con extraños. Su lema es: "¡Habla con extraños!"

Problemas: Los usuarios de Omegle son esencialmente anónimos. Cuando se le pone al azar en un chat de vídeo en vivo con un extraño, todo es posible. El propio descargo de responsabilidad de seguridad de Omegle en su sitio web afirma: "Las personas que encuentras en Omegle pueden no comportarse apropiadamente, y que son los únicos responsables de su propio comportamiento. Use Omegle a su propio riesgo. Desconecte si alguien lo hace sentir incómodo." No es raro encontrar personas completamente desnudas frente a su cámara. El comportamiento de los depredadores se encuentra comúnmente en Omegle.

Controles Parentales: Ninguno. Debe utilizar el filtro web para bloquear el acceso a este sitio web.

Recomendación: *No es seguro para niños de cualquier edad.*

 Pinterest (Clasificación 12+, Red Social)

Pinterest es un motor de descubrimiento visual para encontrar ideas como recetas, inspiración para el hogar y estilo, y más. Con miles de millones de Pins en Pinterest, siempre encontrará ideas para inspirarse. Cuando descubra Pins que le encantan, guárdelos en tablas para mantener sus ideas organizadas y fácil de encontrar. Cuando comparte algo en Pinterest, cada marcador se denomina pin. Cuando comparte el pin de otra persona en Pinterest, se denomina repin. Agrupe los pins por tema en varias tablas o tableros de pin de su perfil. Cada tablero imita un tablero de pin de la vida real.

Pinterest siempre ha sido considerado un sitio de redes sociales para adultos. Aún así, recientemente más y más adolescentes están abriendo cuentas en Pinterest para inspirarse para su afición de elaboración o compartir sus obras de arte.

Problemas: Al igual que todas las plataformas de redes sociales para compartir imágenes, puede encontrar pornografía. Hace poco tuve un contacto con un padre porque su hijo adolescente, que había estado luchando contra la adicción al porno, estaba usando Pinterest para encontrar imágenes explícitas.

Puede enviar mensajes privados en Pinterest. Los mensajes de Pinterest solo se pueden enviar a alguien que le siga. Y, del mismo modo, alguien sólo puede enviarle un mensaje si lo está siguiendo.

Controles Parentales: Ninguno.

Recomendaciones: *Seguro para niños de 13 años en adelante con supervisión parental.*

Si permite que su hijo adolescente tenga Pinterest, sugiero que revise su actividad iniciando sesión en su cuenta de Pinterest con su nombre de usuario y contraseña. Al iniciar sesión como su hijo, puede ver los pins que han guardado lo que están compartiendo, así como sus conversaciones.

Fake Calculator App (Vault Apps) (Sin clasificación de edad, Utilidades, Aplicación de Privacidad)

La aplicación de Calculadora es solo una de las muchas aplicaciones similares que parecen ser una calculadora legítima (o alguna otra aplicación de utilidad) pero es un "almacén" para ocultar imágenes y vídeos. La descripción de la tienda de aplicaciones es la siguiente: Calculadora es la aplicación de privacidad definitiva para fotos, videos, notas, y otra información en su iPhone. Su diseño engañoso y disfrazado hace imposible que los hackers y otros usuarios descubran sus datos ocultos. La aplicación tiene un icono de calculadora genérico, que evita que los fisgones identifiquen Calculadora en su iPhone. La siguiente capa de seguridad implica introducir un código específico dentro de una aplicación de calculadora para acceder a la interfaz de usuario. En total, Calculadora es la aplicación de privacidad de datos más secreta y segura que puede obtener para el iPhone.

Problemas: El problema con una aplicación de este tipo es obvio. Las aplicaciones encubierto son utilizadas exclusivamente por adolescentes para almacenar imágenes desnudas de sexto, y pornografía descargada de Internet.

Controles Parentales: Ninguno. Una tienda de aplicaciones protegida por contraseña impedirá que su hijo descargue una aplicación de almacén.

Recomendación: *No es seguro para un niño de cualquier edad.*

Yubo: Transmisión en vivo con amigos (Clasificado 17+, Transmisión de Video en Vivo, Red Social)

Yubo (Anteriormente Amarillo) es una aplicación de redes sociales para dispositivos iOS y Android que permite a los usuarios crear un perfil, compartir su ubicación y mirar imágenes de otros usuarios de su área. Puede desplazarse por las transmisiones en vivo actuales o navegar por perfiles individuales deslizando el dedo al estilo Tinder, a la derecha en los perfiles que le gustan y a la izquierda en los perfiles que no.

Problemas: Un usuario de Yubo puede navegar por los perfiles de otros usuarios, deslizando el dedo hacia la izquierda para pasar o derecho para "Me gusta." Los usuarios que se gusten mutuamente los perfiles pueden chatear. Esta aplicación le llaman "Tinder para adolescentes."

Los términos de la aplicación establecen que los usuarios deben tener más de 13 años, pero es fácil evitar la fecha. Un niño en esta aplicación podría estar chateando con un adulto fingiendo ser un adolescente. Incluso la aplicación se da cuenta de que esta es una situación potencialmente peligrosa. Al registrarse, la aplicación presenta a los usuarios una guía de seguridad para adolescentes; también envía la información a los usuarios a través de un mensaje de texto y recuerda a los usuarios con frecuencia acerca de la publicación de contenido adecuado.

La aplicación anima a los usuarios a habilitar los servicios de ubicación de sus celulares. Sin embargo, puede optar por ocultar su ciudad, limitando la capacidad para encontrarse. La aplicación tiene una barrera integrada para limitar las vistas de perfil por la edad notificada de los usuarios, pero eso no funciona. (Es posible, por ejemplo, crear una cuenta como usuario de quince años y filtrar vistas de perfil a usuarios de 23 a 25 años) Además, la función de chat de Vídeo en Vivo permite a cualquier persona de 13 a 25 años unirse.

La aplicación no cierra de forma proactiva las cuentas que infringen su acuerdo de usuario. Los desarrolladores de aplicaciones están esperando a que un usuario marque una cuenta como "un problema," y después la elimina. Una búsqueda casual en Yubo usando las frases inapropiadas típicas encontrará consumo de sustancias, blasfemias, insultos raciales, y personas escasamente vestidas.

Por último, Yubo enlaza con Snapchat. Yubo canaliza la interacción y las relaciones de extraños con Snapchat, una aplicación popular de sextear.

Controles Parentales: Ninguno

Recomendación: *No es seguro para niños de cualquier edad.*

YOLO Yolo: **Preguntas y Respuestas Anónimas** (clasificados 17+, Red Social)

Yolo, que significa "sólo vives una vez," (en ingles) permite a los adolescentes pedir "retroalimentación honesta" en forma de respuestas anónimas a una pregunta. La aplicación no puede funcionar sin Snapchat. Los usuarios tienen que vincular su cuenta de Snapchat a la aplicación YOLO para usarla. Una vez que son conectados, los usuarios abren la aplicación YOLO y presionan 'Obtener mensajes anónimos.' En Snapchat, los usuarios pueden enviar una solicitud "envíeme mensajes honestos" a sus amigos o su historia. Los amigos pueden enviarle mensajes anónimos y preguntas a las que puede ver en la aplicación YOLO. Las respuestas a los mensajes anónimos de Yolo se pueden publicar en Snapchat.

Problemas: El problema con Yolo es muy predecible. Siempre que tenga algún tipo de mensajería anónima, tendrá intimidación, amenazas, y comportamiento sexualmente explícito. Cuando un adolescente sabe que nadie puede conectar su grosera respuesta de Yolo a ellos, se sienten libres de cualquier responsabilidad o enfrentan consecuencias de su comportamiento. Los adolescentes en entornos anónimos son más propensos a decir o hacer algo hiriente a sí mismos o a los demás.

Controles Parentales: Ninguno

Recomendación: *No es seguro para niños de cualquier edad.*

Twitch: Juegos de Video en Vivo (Clasificado 13+, Juegos de Video en Vivo)

Twitch es una plataforma de transmisión en vivo viral principalmente para jugadores. Los canales de Twitch no son solo para jugadores. Puede encontrar personas que transmitan vídeos de procedimientos en vivo, un programa de entrevistas, podcast, o música. Si a su hijo le encanta jugar juegos como Fortnite, Minecraft, o League of Legends, querrá ver el juego en vivo de Twitch.

Problemas: Twitch está en vivo, y como todas las plataformas de transmisión en vivo, hay un elemento de riesgo para los niños que están expuestos a contenido inapropiado. He hablado con muchos padres que estaban viendo a Twitch sobre el hombro de su hijo de alguien jugando Minecraft. Se sorprendieron cuando el jugador comenzó a lanzar groserías. Fue sorprendente porque Minecraft es un juego que llama a los niños más pequeños. Aunque Twitch tiene moderadores y reglas estrictas en torno al contenido explícito, no ofrece filtros de edad para categorías y juegos específicos, incluyendo títulos maduros y violentos como Grand Theft Auto.

Su hijo puede chatear con extraños en Twitch. Twitch tiene una función de chat que se ejecuta junto a todas las secuencias. A veces, los chats están restringidos solo a los seguidores o suscriptores del streamer específico. Incluso si no puede chatear activamente, puede ver lo que otros están publicando. Puede ocultar la secuencia de chat, pero no puede desactivarla permanentemente. Los usuarios también pueden enviar mensajes directos, conocidos como Susurros (Whispers), a otros espectadores.

Controles Parentales: Twitch no tiene controles parentales que se pueden bloquear. Cualquier configuración se puede cambiar en la configuración de la cuenta en cualquier momento.

Desactivar mensajes (Susurros) de extraños

1. Haga clic en el nombre de usuario de su hijo en la esquina superior derecha de la pantalla.

2. En el menú que baja hacia abajo, haga clic en Configuración.

3. En la parte superior de la página, haga clic en Seguridad y Privacidad.

4. Desplácese hacia abajo hasta la sección Privacidad.

5. Alternar Bloquear Susurros de Extraños a Encendido.

Recomendación: *Seguro para los niños en edad escolar.*

Steam (Clasificación 12+, Descarga y Compra de Juegos, Red Social)

Steam es un servicio de distribución digital de videojuegos de su empresa matriz, Valve. Steam está disponible tanto en dispositivos de escritorio como móviles.

Problemas: Algunos de los juegos disponibles en Steam no son seguros para niños. Steam tiene un componente de red social donde puede añadir "amigos" y chatear con ellos individualmente o en grupos. No todos estos grupos de chat y foros de la comunidad están relacionados con el juego. Los temas pueden variar enormemente en grupos de Steam, incluido el material explícito.

Controles Parentales: Steam ofrece controles parentales bastante robustos llamados Vista de Familia. Vista de Familia es una característica para que los padres y las familias establezcan sus propias reglas para qué componentes de Steam son accesibles.

Puede usar la Vista de Familia para limitar el acceso de una cuenta a un subconjunto de su contenido y características. Con Vista de Familia, el acceso a la tienda de Steam, la biblioteca, la comunidad, el contenido de amigos, y otras funciones puede estar cerrado por la entrada de un PIN secreto.

Configuración de Vista de Familia

1. Inicie sesión en **la cuenta de Steam** que utilizará su hijo.

2. Haga clic en el **menú de Steam** en la barra de menús superior (**Preferencias** en Mac).

3. Abra la opción **Configuración**.

4. Vaya a la etiqueta **Familia** en el lado izquierdo de la ventana que se abre.

5. Haga clic en **Administrar Vista de Familia para iniciar el asistente Vista de Familia**.

6. Pase por el asistente para seleccionar el contenido y las características a las que desea que se le pueda acceder mientras está en la Vista de Familia protegida con PIN.

7. Seleccione y confirme su nuevo PIN.

Biblioteca de Juegos Familiares

Si solo ha optado por permitir el acceso a un subconjunto de la biblioteca de la cuenta, la biblioteca de su cuenta incluirá un nuevo grupo denominado Juegos Familiares. Juegos Familiares son los juegos que ha elegido para seguir siendo accesibles mientras está en Vista de Familia.

Para agregar y eliminar juegos de esta lista primero debe desactivar la Vista de Familia:

1. Inicie sesión en la cuenta.

2. Seleccione el icono **Vista de Familia**.

3. Introduzca su **PIN Vista de Familia** para salir de la Vista de Familia.

Después, puede autorizar el juego con uno de dos métodos:

• Encuentre el juego en su biblioteca y haga clic con el botón derecho en el juego y clic en Añadir a / Eliminar de Juegos Familiares.

• Visite la etiqueta Familia dentro de Configuración y haga clic en Vista de Familia para volver a ejecutar el asistente de Vista de Familia. Esto proporcionará la opción de agregar o eliminar juegos de su grupo de Juegos Familiares. Una vez terminado, para volver a la Vista de Familia, seleccione el icono Vista de Familia y confirme su elección.

Cambiar las opciones de Vista de Familia

Para modificar las opciones de Vista de Familia:

1. Primero, inicie sesión en la cuenta.

2. Seleccione el icono Vista de Familia.

3. Introduzca su PIN de Vista de Familia para salir de la Vista de Familia.

4. Abra el menú Configuración de Steam.

5. Vaya a la etiqueta Familia en el lado izquierdo de la ventana que se abre.

6. Haga clic en Vista de Familia para iniciar de nuevo el asistente de Vista de Familia.

7. Pase por el asistente de opciones de Vista de Familia para seleccionar nuevo contenido y características para el Modo Familia. También se le pedirá que seleccione un PIN, que puede cambiar o dejar igual.

Desactivar la Vista de Familia

Para eliminar la Vista de Familia de su cuenta o cuenta de su hijo:

1. Salga de la **Vista de Familia**.

2. Abra el menú **Configuración de Steam**.

3. Vaya a la **etiqueta Familia** en el lado izquierdo de la ventana que se abre.

4. Seleccione **Desactivar Vista de Familia** en el lado derecho de la ventana Vista de Familia. Confirme su selección en la siguiente ventana. Nota: Si utiliza Gran Foto, desactive la casilla en la primera página del asistente para Vista de Familia.

Esto eliminará todas las restricciones de la cuenta. Si desea habilitar la Vista de Familia en el futuro, simplemente vuelva a visitar la etiqueta "Familia" en Configuración y pase por el asistente de Vista de Familia una vez más. Las opciones seleccionadas seguirán siendo las mismas si deshabilita y vuelve a habilitar la función en el futuro.

 Roblox (Clasificado 7+, Juego Multijugador en Línea, Creación Mundial, Red Social)

Roblox, lanzado por primera vez en 2005, se ha convertido y sigue siendo un juego multijugador en línea muy popular para niños de 8 años en adelante. Se puede describir mejor como Minecraft mezclado con Fortnite. Roblox es gratis para jugar.

Una vez que un jugador se ha inscrito y creado un avatar, se les da su propia pieza de bienes y raíces junto con una caja de herramientas virtual (conocida como "Roblox Studio") para la construcción. Pueden monetizar sus creaciones para ganar "Robux" (nuestra moneda virtual en Roblox), que luego se puede utilizar para comprar más accesorios de avatar o habilidades adicionales en uno de los millones de experiencias disponibles en la plataforma. Roblox ofrece a los jugadores un lugar seguro y cómodo para jugar, chatear, y colaborar en proyectos creativos. Si están tan inclinados, incluso pueden aprender a crear y codificar experiencias para los demás, todo a su propio paso.

Dado que Roblox atrae a los niños más pequeños, es probable que este juego pueda ser la primera experiencia de su hijo jugando un juego multijugador. Roblox se autodenomina la "plataforma social para el juego." Son las características de red social que tiene Roblox (es decir, Chatear) las que causan tanta ansiedad a los padres. El 2 de Marzo de 2017, Roblox añadió características de seguridad adicionales que lo convierten potencialmente en uno de los juegos multijugador más seguros que existen, siempre y cuando los padres se tomen tiempo para ayudar a su hijo a configurar su cuenta y usar los controles parentales del juego.

Problemas: Sólo ha habido un problema real con Roblox es que los niños muy pequeños lo juegan sin controles parentales ni supervisión. He aconsejado a varios padres a lo largo de los años que estaban devastados al descubrir que su hijo estaba siendo acosado y explotado sexualmente en Roblox. No sabían de los controles parentales y no revisaban regularmente su actividad.

Control Parental:

Configuración de Cuenta

Cuando registra a su hijo en Roblox, es importante registrar su verdadera edad. Roblox tiene la configuración de seguridad y privacidad predeterminada que varía en función acuerdo a la edad del jugador. Puede comprobar el rango de edad de la cuenta de su hijo en la esquina superior derecha de la barra de navegación: 13+ o <13. Si revisa la cuenta de su hijo (tal vez ellos mismos la configuraron), puede cambiar fácilmente la edad en la sección de configuración de cuenta.

Roblox utiliza filtros que eliminan las malas palabras y otras comunicaciones problemáticas (por ejemplo, números de teléfono y direcciones) para cuentas <13 y 13+. Cuando un usuario menor de 12 años se registra en Roblox, se colocan automáticamente en la configuración controlada para que solo puedan enviar mensajes directos a otros usuarios que son aceptados como amigos en Roblox. Los jugadores con cuentas 13+ pueden ver y decir más palabras y frases que jugadores <13. Los enlaces a vídeos de YouTube y nombres de usuario de redes sociales pueden ser compartidos por jugadores 13+.

Todas las imágenes subidas por el usuario son revisadas por moderadores humanos en busca de contenido inapropiado antes de su publicación. Aunque Roblox se representa en un mundo estilo Minecraft de bloques, los padres deben ser conscientes de que algunos juegos creados por el usuario en Roblox pueden incluir temas o imágenes no apropiadas para los jugadores jóvenes. Puede restringir el acceso de su hijo a un subconjunto de juegos seleccionados. Puede encontrar esta configuración en Restricciones de Cuenta en la Etiqueta de Seguridad del menú Configuración.

Configuraciones de Chat

Los propietarios de cuentas tienen la capacidad de limitar o deshabilitar quién puede chatear con ellos, tanto en la aplicación como en el juego, quién puede enviarles mensajes y quién puede seguirlos en juegos o invitarlos a servidores privados.

Para cambiar la configuración de privacidad:

1. Inicie sesión en la cuenta.

2. Vaya a Configuración de la cuenta.

3. Navegador - encuentre el icono situado en la esquina superior derecha del sitio.

4. Aplicaciones móviles - encuentre el icono de tres puntos para Más.

5. Seleccione la etiqueta Privacidad.

6. Ajuste la Configuración de Contactos y Otras Configuraciones.

    - Jugadores de 12 años o menos pueden seleccionar Amigos o Nadie. Los jugadores mayores de 13 años tienen opciones adicionales para la configuración de privacidad.

Cómo Bloquear a Otro Usuario

Para bloquear a otro usuario en el navegador o aplicaciones móviles:

1. Visite la página de perfil del usuario.

2. Seleccione los tres puntos en la esquina superior derecha de la caja que contiene su nombre de usuario e información de amigos / seguidores.

3. Aparecerá un menú, donde puede seleccionar la opción Bloquear Usuario.

Para bloquear a otro usuario desde el interior de un juego, siga los pasos que se indican a continuación:

1. Encuentre al usuario en la lista de clasificación/jugador en la parte superior derecha de la pantalla del juego.

2. Si la lista no está visible, es probable que este cerrada. Para volver a abrirla, seleccione su nombre de usuario en la esquina superior derecha. Nota - es posible que la tabla de clasificación no aparezca si está utilizando un dispositivo de pantalla pequeña como un celular, en cuyo caso tendría que utilizar el método de página de perfil descrito anteriormente.

3. Una vez que haya encontrado el nombre del usuario que desea bloquear dentro de la tabla de clasificación, selecciónelo y se abrirá un menú.

4. Seleccione Bloquear Usuario. También puede optar por desbloquearlos o denunciar abuso directamente desde este menú también. Una vez que haya bloqueado al usuario, el icono a la izquierda de su nombre se convertirá en un círculo con una línea a través de él para indicar que han sido bloqueados.

Monitorear Actividad de Cuenta

Roblox tiene varias maneras de monitorear la actividad de la cuenta. Al iniciar sesión, puede ver los siguientes historiales desde sus secciones relacionadas:

- Chat directo y de grupo pequeño (función de Chat que se encuentra en la esquina inferior derecha de las aplicaciones). Allí se pueden ver historias de chat individuales. Esta función se limita a Amigos y Amigos de Amigos.

- Historial de mensajes privados (Mensajes)

- Amigos y Seguidores (Amigos)

- Historial de compra y comercio de artículos virtuales (Mis transacciones, solo navegador)

- Creaciones como juegos, artículos, sonidos, anuncios... etc., (Crear, solo navegador)

- Juegos recientemente jugados (Inicio, Seguir Jugando o Mi Reciente)

Recomendaciones: *Seguro para niños de 9 años en adelante con control parental y supervisión activa de los padres.*

Otras Consideraciones y Cosas que Hablar con Su Hijo

- Asegúrese de que su hijo no use su nombre real para registrarse.

- Utilice una contraseña segura y dígales que nunca la compartan con nadie.

- Inicie sesión en el juego a través de la aplicación o sitio web y luego vaya a la configuración / información de cuenta y proporcione su correo electrónico. Asegúrese de que su hijo no tenga acceso a su cuenta de correo electrónico.

- Cuando haya recibido el correo electrónico de Roblox para verificar su correo electrónico, siga el enlace y establezca un PIN de 4 dígitos que solo usted sabe en la configuración / seguridad. Esto impide que su hijo cambie las restricciones.

- Habilite restricciones de cuenta en configuración/seguridad.

- Para seguridad adicional agregueFactor-Doble de Verificación en la cuenta de su hijo para protegerla de ser pirateada.

- Desactive las notificaciones en los ajustes, si su hijo no va a jugar con amigos en línea para seguridad adicional

- Asegúrese de que las cuentas de redes sociales de su hijo no aparezcan en la configuración/ Información de la cuenta. Si ahí están, hágalas privadas o bórrelas.

- Hable con su hijo sobre los peligros de revelar información personal a alguien que conozcan en línea. Incluso si su hijo "conoce" a alguien durante mucho tiempo en línea, nunca debe decirle a un extraño su nombre real, ni chatear o enviarle mensajes fuera del juego.

Fortnite (Clasificado 12+, Juego multijugador en línea, Red Social)

Fortnite es un videojuego para PlayStation 4, Xbox One, Nintendo Switch, Windows, Mac y móviles que toma elementos de los juegos de construcción en arena y añade la acción acelerada en tercera persona. Hay dos modos para el juego: una versión en solitario llamada Salva el Mundo y la versión multijugador muy popular llamada Batalla Royal.[5]

Problemas: Hay representaciones de violencia en el juego. La violencia es caricaturesca y no particularmente sanguinaria o sangrienta.

Los jugadores pueden gastar dinero real en artículos de Fortnite. El juego en sí es libre de jugar, por lo que Fortnite anima a los jugadores a comprar artículos como armas para ser utilizados en el juego. También está el Premium Battle Pass, una suscripción de $10 que permite a los jugadores competir en más niveles y ganar diseños/trajes exclusivos del juego. Los niños han sido intimidados o ridiculizados si juegan con el paquete de piel gratis.

Fortnite tiene un chat en vivo sin moderación. Por lo tanto, el entorno de chat Fortnite puede llegar a ser muy tóxico. El chat de Fortnite también permite a su hijo hablar con extraños que están jugando en su juego.

Controles Parentales: Fortnite ofrece una serie de controles parentales para ayudarle a manejar lo que un jugador puede ver y hacer en Fortnite. Además de los controles dentro de Fortnite, puede realizar ajustes a través de la tienda de Epic Games, así como de su plataforma de juegos preferida, como PlayStation, Xbox, Nintendo Switch y dispositivos móviles. Los controles parentales a través de la tienda de Epic Games y su plataforma de juego preferida incluyen la opción de restringir las compras.[6]

Controles Parentales Dentro de Fortnite

1. Inicie Fortnite en su plataforma de elección.

2. Una vez en el lobby, abra el menú en la parte superior derecha de la pantalla.

3. Seleccione Controles Parentales.

4. Se le pedirá que confirme la dirección de correo electrónico vinculada a la cuenta. Si no hay ninguna dirección de correo electrónico vinculada a la cuenta, se le guiará a un navegador web para que pueda vincular una.

5. Establezca un PIN único de seis dígitos. Este PIN será necesario para cambiar los controles parentales en el futuro, así que asegúrese de establecer un PIN que sea diferente de otros PINs que utilice y sea fácil de recordar.

   - Si olvidó su PIN o simplemente desea cambiarlo, puede seguir los pasos de nuestro artículo de apoyo sobre cómo restablecer su PIN para el control parental.

6. Establezca los controles parentales que desee tener habilitado o desactivado.

DESCRIPCIÓN GENERAL DE LA CONFIGURACIÓN

Puede ver el Lenguaje Maduro - ENCENDIDO o APAGADO

- **ENCENDIDO:** El lenguaje maduro puede aparecer en el chat de texto.

- **APAGADO:** El lenguaje maduro en el chat de texto se filtrará y reemplazará con símbolos de corazones. (Recomendado para menores de 12 años)

Puede aceptar solicitudes de amistad - ENCENDIDO o APAGADO

- **ENCENDIDO:** El jugador recibe todas las solicitudes de amistad con normalidad.

- **APAGADO:** El jugador no puede recibir solicitudes de amistad. Las solicitudes de amistad entrantes se negarán automáticamente. (Recomendado para menores de 12 años)

Los miembros sin escuadrón pueden ver su nombre - ENCENDIDO o APAGADO

- **ENCENDIDO:** Los jugadores que no estén en su escuadrón podrán ver su nombre.

- **APAGADO:** Reemplaza su nombre para jugadores que no estén en su escuadrón por "Anónimo." (Recomendado para menores de 12 años)

Puede ver nombres de miembros sin escuadrón - ENCENDIDO o APAGADO

- **ENCENDIDO:** Verá los nombres de jugadores que no son miembros del escuadrón. (Recomendado)

- **APAGADO:** Reemplace los nombres de los jugadores que no están en su escuadrón con "Jugador."

Chat de voz - ENCENDIDO o APAGADO

NOTA: Esta configuración solo activa/desactiva el chat de voz del juego Fortnite. La plataforma en la que está jugando puede tener características de comunicación adicionales que deben restringirse por separado. La información sobre los controles específicos de la plataforma se puede encontrar a continuación o haciendo clic en el botón "Más Configuraciones" en el juego.

- **ENCENDIDO:** Puede escuchar a sus compañeros de equipo y hablar con ellos usando un micrófono.

- **APAGADO:** No puede oír ni hablar con sus compañeros de equipo. (Recomendado para menores de 12 años)

Houseparty Video Chat en Fortnite - ENCENDIDO o APAGADO

Los jugadores de Fortnite que utilizan la aplicación de chat de vídeo Houseparty pueden vincular sus cuentas Houseparty y Epic y tener su chat de vídeo Houseparty mostrado junto a su juego Fortnite. Houseparty video chat está actualmente disponible para los jugadores de Fortnite en PC, PlayStation 5, y PlayStation 4.

NOTA: Debido a que Houseparty es una aplicación independiente, esta configuración de controles parentales de Fortnite no controla ninguna característica dentro de la aplicación Houseparty y no impide que un usuario de Houseparty se una a una habitación que se muestra en el juego Fortnite de otro jugador.

NOTA: Esta configuración no se puede habilitar si el chat de voz está deshabilitado a través de los controles parentales.

- **ENCENDIDO:** Si han vinculado su cuenta Houseparty y Epic, un jugador puede configurar su chat de vídeo Houseparty para que aparezca en la misma pantalla en la que está jugando Fortnite. Mientras está en uso, amigos y amigos de amigos en Houseparty pueden ser vistos y escuchados mientras juegan Fortnite.

- **APAGADO:** El jugador no es capaz de configurar su chat de vídeo Houseparty para que aparezca en la pantalla en la que están jugando Fortnite (esto no afectará la capacidad del jugador para usar Houseparty fuera de Fortnite). (Recomendado)

Informes Semanales de Tiempo de Uso - ENCENDIDO o APAGADO

NOTA: Haga clic en el botón **Más Ajustes** en el juego para obtener información sobre las restricciones de tiempo de juego para su plataforma.

- **ENCENDIDO:** Se enviará un informe semanal de tiempo de uso a la dirección de correo electrónico asociada con la cuenta. (Recomendado)

- **APAGADO:** No se enviarán informes de tiempo de uso.

Chat de Texto - ENCENDIDO o APAGADO

NOTA: Esta configuración solo activa/desactiva el chat de texto del juego Fortnite. La plataforma en la que está jugando puede tener características de comunicación adicionales que deben restringirse por separado. La información sobre los controles específicos de la plataforma se puede encontrar a continuación o haciendo clic en el botón "Más configuraciones" en el juego.

- **ENCENDIDO:** Puede enviar y recibir mensajes de chat de texto con sus compañeros de equipo.

- **APAGADO:** No puede enviar ni recibir mensajes de chat de texto con sus compañeros de equipo. (Recomendado para menores de 12 años)

Utilice el botón **GUARDAR** para guardar las selecciones. Si desea cambiar cualquiera de estas configuraciones en el futuro o desactivar los controles parentales, tendrá que introducir su PIN. El correo electrónico asociado a la cuenta se notificará cada vez que se cambie un PIN.

Controles Parentales a Través de la Plataforma de Juegos

Los controles parentales dentro de Fortnite solo se aplican a las características de Fortnite, independientemente de la plataforma en la que se esté reproduciendo. Esto significa que si, por ejemplo, desactiva el chat de voz en Fortnite, es posible que todavía pueda acceder al chat de voz para el juego utilizando métodos de comunicación fuera de él, por ejemplo, mediante el uso del sistema integrado en su consola.

Si desea restringir más ampliamente el acceso a estas funciones, puede hacerlo a nivel de plataforma en PlayStation, Xbox, Nintendo Switch, Windows 10, iOS, y Google Play. Esto incluye restringir el acceso a las compras. Consulta los siguientes capítulos sobre el control parental en PlayStation, Xbox, Nintendo Switch, Windows 10, iOS y Google Play.

Epic Games Almacenan Controles Parentales para Fortnite

En el sitio web de Epic Games, tiene acceso a los controles parentales de la tienda Epic Games. Estos controles le ofrecen la posibilidad de usar un PIN para restringir las compras de la Tienda Epic Games (así como para restringir el acceso al contenido de la Tienda en función de las clasificaciones de edad). Las compras en la Tienda Epic Games incluyen compras en el juego de Fortnite realizadas a través de la Tienda Epic Games (compras en PC, Mac, la aplicación Epic Games en Android, y iOS, y Google Play a través del pago directo Epic).

NOTA: Las compras realizadas a través de la Tienda Epic Games NO incluyen las compras en el juego de Fortnite realizadas a través de PlayStation, Xbox, Nintendo, la aplicación de tienda de Apple o tienda de Google Play. Para obtener información sobre los controles parentales para estos, consulte la sección "Control parental a través de la plataforma de juegos" anterior.

Hay dos rutas para abrir la configuración de la cuenta de Epic Games para ajustar el control parental:

Directamente desde epicgames.com

1. Vaya a epicgames.com.

2. Inicie sesión en la parte superior derecha.

3. Pase el cursor sobre el nombre de su cuenta.

4. Seleccione Cuenta para ir a la configuración de su cuenta.

Desde el Lanzador de la Tienda de Juegos Epic en PC/Mac

1. Abra el Lanzador de Juegos Epic e inicie sesión.

2. Presione botón en el nombre de su cuenta en la esquina inferior izquierda.

3. Seleccione la opción Administrar Cuenta. Esto abrirá un navegador web con la configuración de su cuenta.

Ahora que está en la configuración de la cuenta, desplace hacia abajo hasta la sección **Control Parental** en la página Configuración general.

Desde aquí, puede establecer o introducir su PIN de seis dígitos.

• Este PIN será necesario para cambiar el control parental en el futuro, así que asegúrese de establecer un PIN que sea diferente de otros PIN que utilice y sea fácil de recordar. Si ya tiene un PIN para Fortnite, su # de PIN se copiará.

• Si olvidó su PIN o simplemente desea cambiarlo..

Los controles parentales de la tienda de juegos Epic incluyen:

• Cambiar su PIN.

• • Requerir un PIN para las compras de Tienda de Juegos Epic.

• • Limitar el acceso a los juegos en función de su clasificación por edad ESRB, PEGI o GRAG.

Cuando haya terminado de configurar sus opciones para los controles parentales, guárdelas antes de cerrar la ventana de opciones. Para desactivar los controles parentales, seleccione **Desactivar los**

Controles Parentales en la sección Control Parental de la página Configuración General e introduzca su PIN.

Minecraft (Clasificado 9+, Juego Multijugador en Línea, Creación mundial, Red Social)

 Minecraft es un videojuego de aventura arenero. El estilo se llama "arenero" porque proporciona un paisaje creativo sin objetivo fijo y infinitas posibilidades. Minecraft no viene con instrucciones, y es relativamente simple empezarlo y jugar. Cuanto más juega, más aprende qué hacer y cómo usar los recursos disponibles, como piedra roja y diferentes tipos de mineral, para hacer herramientas y estructuras cada vez más complejas.[7]

Problemas: Al igual que Roblox, sólo ha habido un problema real con Minecraft, niños muy pequeños jugando sin controles parentales o supervisión. Todos los juegos multijugador en línea ofrecen la posibilidad de que su hijo conozca a un depredador o sea blanco de acoso escolar. Afortunadamente. Minecraft tiene filtros y a eliminado algunas características problemáticas que hicieron Minecraft más peligroso al principio.

Controles Parentales: No hay controles parentales en el juego, pero Microsoft ha añadido algunas características nuevas para hacer Minecraft más seguro para su hijo. Minecraft tiene filtros de chat que examinan blasfemias, direcciones de correo electrónico, números de teléfono y edades. La mensajería privada tampoco forma parte del modo multijugador de Minecraft. Minecraft también tiene informes en el juego de comportamiento inapropiado.

Por supuesto, jugar en modo de un solo jugador es la opción más segura, pero tarde o temprano, su hijo querrá jugar con sus amigos en un servidor. Un servidor es una configuración de programa que permite a los jugadores organizar y alojar juegos multijugador. Cualquiera puede configurar un servidor, pero es un poco técnico. Algunos grupos de padres configuran un servidor solo para niños y amigos. Jugar en un servidor de buena reputación también ayudará a mantener a su hijo a salvo. Los servidores seguros para familias que se asocian con Minecraft tienen equipos de moderadores que se aseguran de que todos se lleven bien, y que el filtro de chat esté haciendo su trabajo. La mayoría de los servidores también tienen filtros de chat expandidos. Por ejemplo, Autcraft es un servidor de Minecraft diseñado solo para niños en el espectro autista, y Famcraft es un servidor que es familiar.

Controles Parentales de Xbox Live para Minecraft

Si su hijo está jugando Minecraft en Xbox, puede establecer preferencias de privacidad y multijugador:

1. Inicie sesión en su cuenta de Xbox Live en xbox.com. Si no tiene una cuenta de Xbox Live, puede crear una de forma gratuita, pero tiene que registrarse con una cuenta Microsoft.

2. Una vez en su cuenta de Xbox Live, presione en su nombre de usuario en la esquina superior derecha de la ventana del navegador y presione en **Perfil de Xbox**.

3. Presione en **Configuración de Privacidad**.

4. Hay una serie de ajustes aquí con la elección de Todos, Amigos, o Bloquear. Nosotros recomendamos como mínimo elegir **Amigos**, y para la configuración más restrictiva, elija Bloquear.

Mi Hijo Quiere una Aplicación No Discutida en este Libro. ¿Qué Hago?

Las aplicaciones, como la tecnología, siempre están cambiando. Algunas aplicaciones como Instagram o Snapchat estarán por mucho tiempo, pero siempre habrá nuevas aplicaciones que aparecen y crean problemas para nuestros hijos. Para estar al tanto de las aplicaciones actuales y cómo podrían afectar a su hijo, únase a mi boletín electrónico y lea mis artículos publicados en cybersafetycop.com. También puede seguirme en Facebook, Twitter, e Instagram.

Aplicaciones de Redes Sociales Apropiadas para Niños en Edad Primaria

Muchos padres están pidiendo recomendaciones seguras de aplicaciones de redes sociales para sus hijos de edad primaria.

Aunque ninguna aplicación de redes sociales es totalmente segura, hay algunas aplicaciones notables creadas con los niños más pequeños y sus padres en mente. El tiempo excesivo de pantalla en estas aplicaciones todavía puede ser un problema, así que limite el uso.

Village-Safe (Pueblo-Seguro) Social para Familia (Clasificado 4+, village.me)

Village-Safe Social para Familia está destinado a ser utilizado por toda la familia y tiene un amplio control parental. No hay "me gusta" ni "seguidores." Los padres tienen un control total sobre con quién interactúa su hijo. Los mensajes, o hipervínculos de los mensajes, se pueden marcar rápidamente como inapropiados. El programa de reconocimiento de imágenes desenfocará y bloqueará las imágenes que determina que son problemáticas en la función de mensajería de la aplicación.

Messenger Kids (Clasificado 4+, messengerkids.com)

Messenger Kids es propiedad de Facebook y ha incluido filtros faciales, que a los niños les gusta usar y compartir con amigos. Es un nombre bien conocido entre los niños, por lo que es probable que los niños naturalmente lo eligieran para comunicarse con sus amigos. Los controles parentales son excelentes, dando a los padres la capacidad de controlar quién puede interactuar con su hijo. Por último, el historial de mensajes no se puede eliminar, lo que da a los padres la capacidad de revisar lo que se envía y recibe.

Kinzoo Messenger para Familias (Clasificado 4+, kinzoo.com)

Kinzoo Messenger es similar a Village Social. No hay "me gusta" ni "seguidores." Los padres tienen control sobre con quién interactúan. Es una aplicación de mensajería diseñada estéticamente para niños pequeños. A los preadolescentes les puede resultar poco atractivo por ser demasiado como para niños pequeños.

Controles Parentales del iPhone y iPad

El control parental y el tiempo de pantalla funcionan a través de compartir en familia, por lo que siempre y cuando sus hijos formen parte de su familia en la configuración de Compartir en familia, podrá ver y controlar sus opciones de tiempo de pantalla desde su teléfono. Si el niño tiene un iPhone y el padre tiene un teléfono Android, la configuración de tiempo de pantalla se puede configurar en el dispositivo del niño. Desafortunadamente, el padre tendrá que acceder al teléfono del niño para ver la información de tiempo de pantalla o realizar cambios en la configuración. La mejor situación es que el padre y el niño tengan iPhones y estén conectados con Compartir en Familia.

Paso 1:
Configurar Compartir en Familia

1. Seleccione Configuración en la pantalla de inicio.

2. 2. Seleccione su Apple ID en la parte superior de la pantalla

3. 3. Seleccione en Compartir en Familia

4. 4. Seleccione Agregar Miembro

5. 5. Seleccione Crear una Cuenta para un Niño

6. 6. Seleccione Continuar e introduzca el nombre y la fecha de nacimiento de su hijo..

Nota: No puede ejercer controles parentales ni tiempo de pantalla sobre nadie mayor de 18 años.

7. Seleccione Activar Preguntar para Comprar y Compartir Ubicación

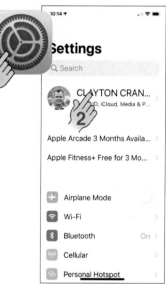

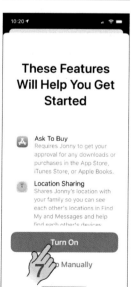

Paso 2:

Configuración de Tiempo de pantalla

1. Vuelva a la pantalla Configuración y seleccione Tiempo de Pantalla.

2. Seleccione la cuenta de su hijo.

3. Seleccione Activar **Tiempo de Pantalla**

Configuración de Tiempo de Inactividad

Cuando el tiempo de inactividad está activo, solo están disponibles las llamadas telefónicas y las aplicaciones que elija permitir. El tiempo de inactividad se aplica a todos los dispositivos habilitados para tiempo de pantalla y recibe un recordatorio cinco minutos antes de que se inicie.

4. Seleccione **Tiempo de Inactividad**.

5. Active **Tiempo de Inactividad** y elija Todos Los Días o Personalizar Días y la hora.

6. Seleccione Bloqueo en Tiempo de inactividad.

Configuración de Límites de Aplicación

Puede establecer límites diarios para las categorías de aplicaciones con Límites de Aplicación.

7. Seleccione Límites de Aplicación.

8. Active los Límites de la Aplicación

9. Elija las categorías de aplicaciones que desea limitar, la cantidad máxima de tiempo, y después seleccione Establecer Límite de Aplicación

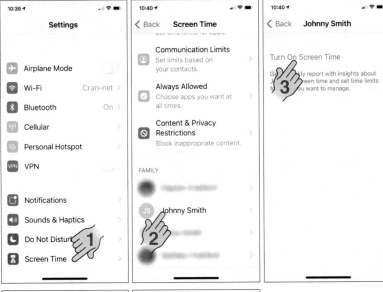

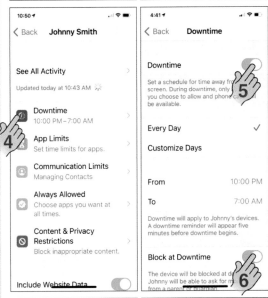

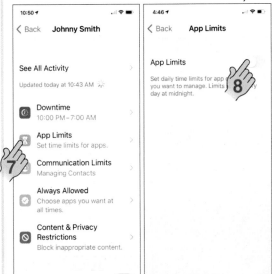

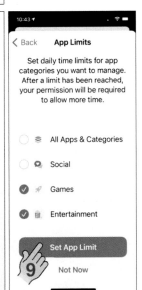

Configuración de Límites de Comunicación

Controle con quién pueden comunicarse sus hijos – durante todo el día y durante el tiempo de inactividad.

10. Vuelva a la configuración de Tiempo de Pantalla y seleccione Límites de Comunicación.

11. Seleccione Administrar Contactos [de su hijo]. Puede añadir contactos de su lista de contactos o añadir otros nuevos aquí.

12. Seleccione Durante el Tiempo de Pantalla para limitar llamadas telefónicas, FaceTime, Mensajes, y contactos de iCloud.

13. Seleccione Durante el Tiempo de Inactividad para limitar las llamadas telefónicas, FaceTime, Mensajes, y contactos de iCloud..

Configuración Siempre Permitida

Estas aplicaciones y contactos siempre estarán disponibles durante el Tiempo de Inactividad.

14. Seleccione Siempre Permitida.

15. Seleccione Contactos para definir con quién puede comunicarse su hijo durante el Tiempo de Inactividad

16. Elimine las aplicaciones a las que no desea acceder durante el Tiempo de Inactividad.

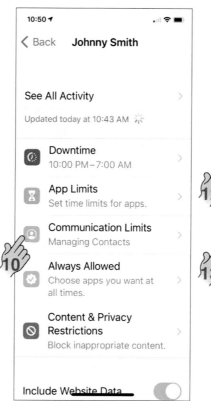

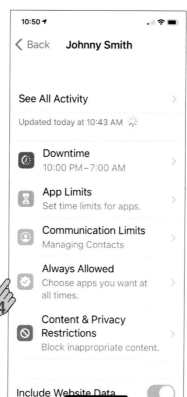

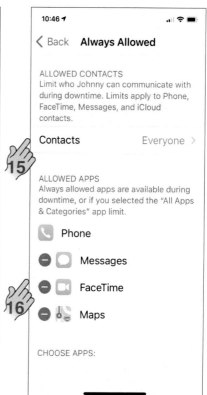

Configurar Contenido & Restricciones de Privacidad

Usted decide el tipo de contenido que aparece en el dispositivo de su hijo. Bloquee contenido, compras, y descargas inapropiados y establezca la configuración de privacidad.

17. Vuelva a la configuración de Tiempo de Pantalla y seleccione **Restricciones de Contenido y Privacidad**.

18. Active las **Restricciones de Contenido y Privacidad**.

19. Seleccione **Compras de iTunes y Tienda de Aplicaciones**.

20. No permita **eliminar aplicaciones** o **compras dentro de la aplicación**. Siempre requiera una contraseña.

21. Seleccione **Aplicaciones Permitidas**.

22. Desactive las aplicaciones a las que no desea que acceda su hijo. Apague AirDrop como mínimo para evitar que alguien envíe una imagen explícita no solicitada.

23. Seleccione **Restricciones de Contenido**.

24. Establezca las restricciones de contenido en función de lo que considere más

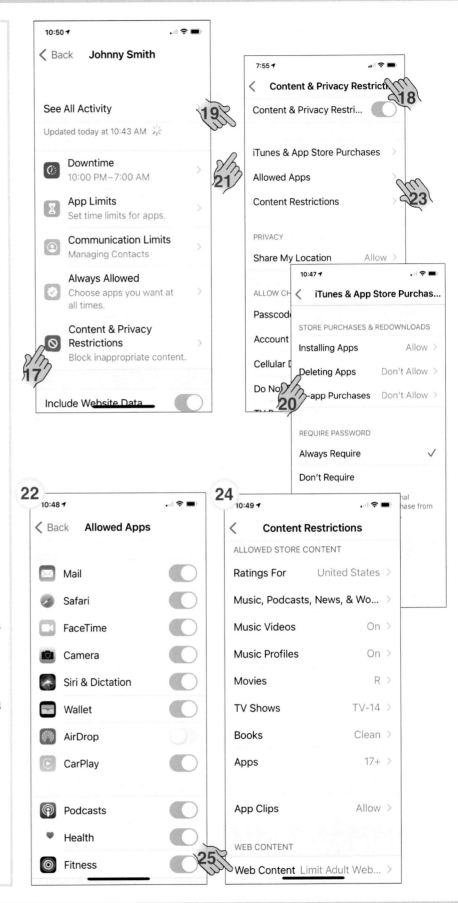

apropiado para su hijo.

25. Seleccione restricciones de **Contenido Web**.

26. Seleccione **Limitar Sitios Web para Adultos**. Cuando limitar sitios web para adultos está habilitado, su hijo no puede eliminar el historial de búsqueda de Safari.

27. Agregue **Sitios Web** que desee bloquear desde el Navegador Safari de su hijo. Sitios sugeridos para incluir:

   - Imgur.com
   - Reddit.com
   - Baidu.com
   - Yandex.com
   - Dogpile.com
   - Flickr.com
   - Liveleak.com
   - Excite.com
   - Instagram.com
   - Tumblr.com
   - Twitter.com
   - Omegle.com
   - https://www.youtube.com (Si quiere limitar acceso a YouTube por completo)

28. No permita **Cambios de Contraseña** ni **Cambios en la Cuenta**. Si no hace este último paso, su hijo puede eliminar la aplicación de notificación parental y cambiar la configuración de **Tiempo de Pantalla**.

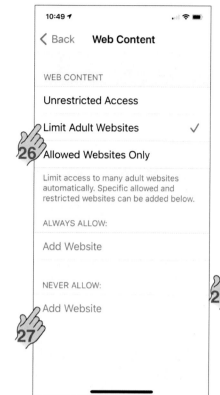

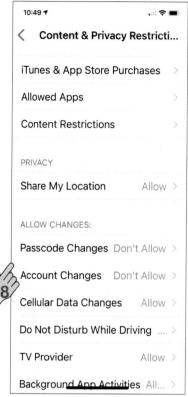

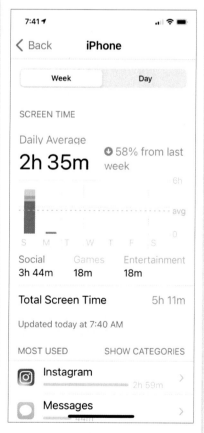

El **Informe de Tiempo de Pantalla** le muestra cómo su hijo usa su dispositivo. Puede usar esta información para ayudarle a tomar decisiones sobre cómo administrar el tiempo que su hijo pasa en sus dispositivos. Una descripción del uso del dispositivo incluye:

Cuánto tiempo pasa usando aplicaciones por categoría, una lista del uso de la aplicación por hora del día, una visión general de los tipos de notificaciones que recibe y la frecuencia con la que recoge su dispositivo y qué aplicaciones usa. Puede tocar cada aplicación en el resumen de Tiempo de Pantalla para ver más información sobre su uso.

Cómo los Niños Están Evadiendo el Tiempo de Pantalla en iOS

Los controles parentales no son la cura o remedio que nos gustaría que fueran. Con suficiente tiempo y Googling, su hijo encontrará una manera de evadir los controles parentales que ha establecido. He tenido más de unos pocos padres que me llegan completamente perplejos cómo su hijo puede estar en YouTube después de que su tiempo de pantalla se ha agotado o después de que los padres pensaron que lo bloquearon por completo en la configuración.

Piense en los controles parentales como los rieles de protección en la carretera. Son muy útiles cuando se conduce por una carretera retorcida en una ladera de la montaña. Están ahí para mantenerlo en la carretera si algo sale mal. ¿Podría conducir en forma de romper los rieles de guardia? Absolutamente. Pero, no lo hace porque sabe lo que hay al otro lado de los rieles - una caída fatal. Su hijo no tiene idea de lo que hay al otro lado de los rieles de protección. Conducirán su coche lo más rápido posible porque se siente divertido, seguro, e intrascendente (corteza prefrontal subdesarrollada). Reconociendo que nuestros hijos naturalmente empujarán los límites de los controles parentales y tal vez traten de derrotarlos, tenemos que comenzar con una charla.

Dígale a su hijo que sabe que son inteligentes, y probablemente hay maneras en que pueden evadir los límites de tiempo de pantalla o el filtrado web. Explique que los controles parentales están ahí para mantenerlos a salvo. Use la metáfora de los rieles de guardia si quiere. Explique que esto no es un juego o un desafío para derrotar a los controles parentales. Si lo hacen, habrán violado el acuerdo de usar su dispositivo (sea lo que sea), y habrá consecuencias. Tenga muy claro cuáles son sus expectativas. Tenga la misma claridad sobre cuáles serán las consecuencias. Con suerte, después de esta charla, usted no tendrá que jugar al detective para descubrir si su hijo está tratando de evadir los controles parentales. De cualquier manera, usted debe revisar periódicamente a su hijo y asegurarse de que están siguiendo las reglas.

Las siguientes son algunas de las maneras en que los niños están eludiendo los controles parentales, cómo reconocer si lo están haciendo y cómo detenerlos:

Cambio de Zona de Horario

Si la aplicación favorita de un niño se bloquea durante el tiempo de inactividad, normalmente tendría que solicitar a sus padres durante un tiempo prolongado. Sin embargo, antes de que comience el tiempo de inactividad, es posible cambiar la zona horaria del teléfono para ampliar su tiempo libre. Para evitar esto, usted debe hacer algunos ajustes en el teléfono de su hijo:

1. En el **teléfono de su hijo**, seleccione **Configuración** > **Tiempo de Pantalla** > desplácese hasta la parte inferior de la pantalla y **Desactive La Hora de la Pantalla**.

2. Vuelva a **Configuración** > **General** > **Fecha y Hora** > Active **Establecer Automáticamente**.

3. Vuelva a **Tiempo de Pantalla** y **Active la Hora de Pantalla**. Seleccione **Usar Contraseña** para **Tiempo de Pantalla**.

4. Seleccione **Restricciones de Contenido y Privacidad** y préndalo en la parte superior de la pantalla.

5. Desplácese hacia abajo y seleccione **Servicios de Ubicación**.

6. Desplácese hasta la parte inferior y seleccione **Servicios del Sistema**.

7. Apague el **Ajuste Zona de Horario** (atenuado). Toque < **Atrás**.

8. En la parte superior de la pantalla, seleccione **No Permitir Cambios**.

Los Límites de la Aplicación no Parecen Estar Funcionando

Si su hijo todavía está jugando en su aplicación de juego después de que deberían haber alcanzado su límite, es posible que no lo haya asegurado en su teléfono.

1. En el **teléfono de su hijo**, seleccione **Configuración** > **Tiempo de Pantalla** > **Agrege Límite**.

2. Elija las categorías de aplicación y las aplicaciones que desee limitar. Toque **Siguiente**.

3. Establezca su límite de tiempo. IMPORTANTE: Prenda el **Bloqueo del Final de Límite**.

Ver YouTube después de bloquearlo en el Control Parental

Asegúrese de que tenga la dirección URL completa en el filtro de Contenido web.

1. Desde **su teléfono, Configuración** > **Tiempo de Pantalla** > **Restricciones de Privacidad & Contenido** > **Restricciones de Contenido** > **introducir contraseña** > **Contenido Web**.

2. Seleccione **Limitar Sitios Web para Adultos**.

3. En NUNCA PERMITIR, añade **https://www.youtube.com** (si no lo pone exactamente como se muestra, no bloqueará YouTube).

Hay una solución alternativa más para ver YouTube después de que ha sido bloqueado por Límites de Aplicación o Tiempo de Inactividad. Los vídeos de YouTube se pueden ver a través del widget Mensajes. Puede eliminar el widget de YouTube de Mensajes, pero se puede volver a agregar. La única manera de evitar que esto suceda es quitando mensajes de la lista permitida.

1. **Tiempo de Pantalla** > **Siempre Permitido** > eliminelo de Aplicaciones Permitidas tocando el círculo rojo con el signo blanco menos.

Envío de Mensajes de Texto a través de Siri

Tal vez tenga mensajes bloqueados durante el tiempo de inactividad o después de que su hijo haya alcanzado su límite de tiempo, pero todavía están enviando mensajes de texto. Siri puede ser su cómplice involuntario. Siga estos pasos para eliminar Siri como una Aplicación Permitida:

1. En el **teléfono de su hijo**, seleccione **Configuración** en la pantalla de inicio > **Tiempo de Pantalla** > Restricciones de Privacidad & Contenido > introduzca contraseña.

2. Seleccione **Aplicaciones Permitidas**, desactive Siri & Dictado.

Envío de mensajes de texto a través de la aplicación Contactos

Su hijo puede evadir el límite de la aplicación Mensajes yendo a la aplicación Contactos, compartir el contacto a través de Mensajes y Mensajes. Para evitar esto, debe desactivar la aplicación Contacto:

1. En el **Teléfono de su hijo**, seleccione **Configuración** en la pantalla de inicio > **Tiempo de Pantalla** > **Límites de la Aplicación** > introduzca **contraseña**.

2. Seleccione **Productividad** y luego la aplicación **Contactos**. Seleccione **Siguiente**.

3. En la página siguiente, dele a la aplicación Contactos un breve límite de tiempo, como 1 minuto.

4. Si vuelve a la pantalla de inicio, la aplicación debe estar atenuada después de 1 minuto.

Envío de Mensajes de Texto desde una Notificación de Mensajes

Si desliza el dedo hacia abajo para revelar el panel de notificaciones y pulsa en una notificación de mensajes anterior, aparecerá Mensajes, y después, puede enviar un texto. Para evitar esto, debe abrir el panel de notificaciones de iPhone de su hijo y borrar cualquier notificación de mensajes después de que hayan alcanzado su Límite de Tiempo.

Eliminación y Reinstalación de Aplicaciones

Una vez alcanzado el límite de tiempo de una aplicación, su hijo puede eliminar la aplicación, reinstalarla de la tienda de aplicaciones, y después, continuar usándola. Para evitarlo, siga los pasos que se indican a continuación:

1. Desde **su teléfono**, **Configuración** > **Tiempo de Pantalla** > **Restricciones de Privacidad & Contenido** > **Compras de iTunes & Tienda de Aplicaciones** > **Introducir Contraseña**.

2. Seleccione **No Permitir** la Eliminación de Aplicaciones.

Restablecimiento de Fábrica

Un restablecimiento de fábrica es un movimiento desesperado, pero borraría todas las restricciones existentes. El único problema es que también borrarán todos sus datos y esencialmente estarán configurando un nuevo iPhone. Su hijo podría realizar una copia de seguridad de sus datos en la cuenta familiar de iCloud vinculada a su teléfono y recuperar sus datos. Este truco sólo sería posible si tuvieran acceso a las credenciales de iCloud. Prevenga eso manteniendo la contraseña de iCloud segura. Si usted no nota ningún uso o uso anormalmente bajo en su seguimiento del tiempo de pantalla, entonces tal vez su hijo ha restablecido su teléfono.

Controles Parentales de Android

Para configurar los controles parentales en un dispositivo Android para su hijo, primero tendrá que crear una cuenta para ellos. Tiene la opción de crear un usuario independiente en su teléfono o tableta Android, o crear un nuevo usuario en un dispositivo diferente. Crear un usuario independiente en su dispositivo Android podría ser una buena opción si su hijo no está listo para su propio dispositivo y desea controlar su uso mejor.

Crear una cuenta para su hijo

Creación de un nuevo usuario en el dispositivo.

1. Abra la aplicación de Configuración de su dispositivo.

2. Toque Sistema

3. Seleccione Avanzado

4. Varios usuarios. Si no encuentra esta configuración, pruebe buscar usuarios en la aplicación de Configuración.

5. Toque Agregar usuario.

La opción Usuarios ha sido eliminada en algunos dispositivos (por fabricantes de dispositivos que también modifican Android). En algunos casos, se esconde en la sección de Cuentas o Sistema dentro del sistema operativo. Si tiene dificultades para encontrarlo, busque en Google su modelo de teléfono específico y "agregue una cuenta para niño."

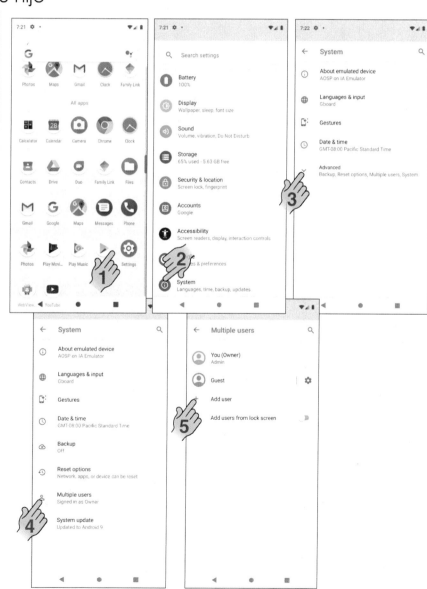

Creación de un nuevo usuario en un nuevo dispositivo

1. Encienda el nuevo dispositivo y siga las instrucciones que aparecen en pantalla para configurar el dispositivo.

2. Cuando se le pida que inicie sesión con su cuenta de Google, toque Crear nueva cuenta. Si no ve "Crear nueva cuenta," toque Más opciones primero.

3. Ingrese el nombre, cumpleaños, género, dirección de correo electrónico, y contraseña de su hijo.

4. Siga las instrucciones para iniciar sesión con su propia cuenta de Google, proporcionar el consentimiento de padre y elija la configuración de su hijo.

Establecer controles parentales con enlace familiar (Family Link)

Si su hijo ya tiene su propia cuenta de Google, puede agregar supervisión y administrar sus controles parentales con Family Link.

Si su hijo menor de 13 años (o la edad aplicable en su país) aún no tiene una cuenta de Google, puede crear una para ellos y administrarla con Family Link.

Si agrega la supervisión de padre a la cuenta de Google existente de su hijo y su hijo está por encima de la edad aplicable en su país, usted o su hijo pueden dejar de supervisarlo en cualquier momento. Si su hijo deja de supervisarlo, se le notificará y los dispositivos supervisados de su hijo se bloquearán temporalmente.

Deberá descargar la aplicación Google Family Link en el dispositivo del padre y la aplicación Google Family Link para niños y adolescentes en el dispositivo del niño. Estas son dos aplicaciones diferentes.

En el dispositivo del padre

1. Abra la aplicación Family Link en el dispositivo del padre y seleccione Padre.

2. Seleccione Siguiente.

3. Elija su cuenta que administrará los dispositivos de la familia.

• Si su hijo ya tiene una cuenta de Google (un correo electrónico que termina en @gmail.com) elija Sí. Si no tienen, cree una y regrese aquí.

4. Obtenga el dispositivo de su hijo y abra la aplicación Family Link para niños.

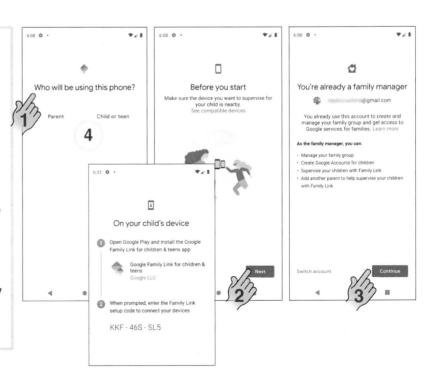

En el dispositivo del niño

1. Abra la aplicación Family Link para niños y jóvenes y seleccione Este dispositivo.

2. Elija la cuenta de su hijo que se administrará. Después.

• Introduzca el código de configuración de 9 dígitos desde el dispositivo del padre.

• Introduzca la contraseña de la cuenta de Google de su hijo.

3. Seleccione **Unirse**.

4. En la parte inferior de la pantalla, seleccione **Siguiente**.

5. Seleccione **Permitir**.

6. Seleccione **Activar la aplicación de administración de este dispositivo**.

7. Seleccione Siguiente.

8. Nombre el dispositivo de su hijo.

9. Apague cualquier aplicación que no desee que su hijo use. Seleccione **Más** para ver más aplicaciones. Cuando haya terminado, seleccione **Siguiente**.

10. Termine de seguir las solicitudes finales y el dispositivo de su hijo está listo para ser administrado desde el dispositivo del padre.

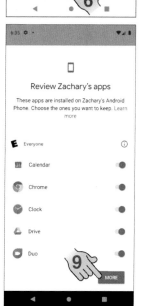

Configuración de los filtros y controles

1. En el dispositivo del padre, **seleccione Personalizar controles parentales, Siguiente**, y después **Continuar**.

2. Seleccione **Administrar** configuración.

Configurar Tienda de Juegos Google (Google Play)

Si es padre dentro de un grupo familiar, puede exigir a los miembros de su familia que obtengan su permiso para comprar o descargar contenido en Google Play.

3. Seleccione Controles en Google Play.

4. Seleccione **Requerir aprobación para**.

5. Seleccione **Todo el contenido**.

Nota: Las descargas, actualizaciones, y contenido anteriormente compartido a través de la biblioteca familiar no requerirán su aprobación, incluso si ese contenido se adquirió antes de que se agreguen miembros supervisados a su familia.

6. Establezca restricciones de contenido en aplicaciones y juegos, películas, tv, libros, y música de su hijo. Toque en cada categoría y establezca el nivel adecuado para su hijo.

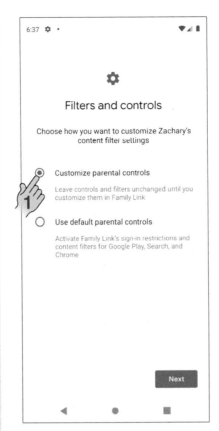

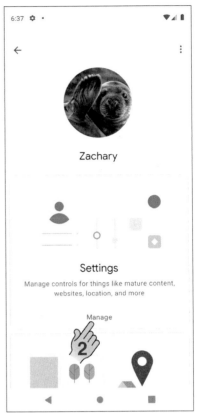

Configuración de Filtros en Chrome

7. Seleccione **Filtros en Google Chrom**e.

- Los niños no tendrán acceso a aplicaciones y extensiones de la Tienda Web Chrome.

- Los niños no pueden usar el modo de incógnito.

8. Seleccione Tratar de bloquear sitios maduros (sitios sexualmente explícitos y violentos). Esto no es 100% efectivo. O, seleccione Permitir solo ciertos sitios (su hijo solo podrá visitar los sitios que permita).

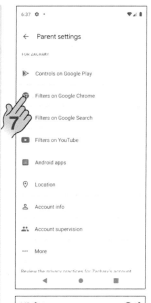
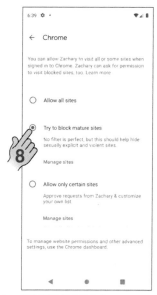

Filtre resultados de búsqueda explícitos con SafeSearch

De forma predeterminada, SafeSearch está activado para la cuenta de su hijo cuando configura la supervisión con Family Link. SafeSearch ayuda a filtrar resultados de búsqueda explícitos como la pornografía en la Búsqueda de Google. SafeSearch no es 100% preciso, pero ayuda a los niños a evitar la mayoría de los contenidos sexualmente explícitos mientras utilizan la Búsqueda de Google.

9. Seleccione **Filtros en la Búsqueda de Google**.

10. Activar **SafeSearch.**

Habilitar el Modo Restringido de YouTube

El modo restringido es una configuración opcional que puede usar en YouTube para ayudar a proyectar contenido potencialmente maduro que es posible que prefiera que su hijo no vea. El modo restringido utiliza título de vídeo, descripción, metadatos, revisiones de directrices de la comunidad, y restricciones de edad para identificar y filtrar contenido maduro. No es 100% efectivo. Cuando el modo restringido está habilitado, no podrá ver comentarios sobre los vídeos que ve.

11. Seleccione **Filtros en YouTube**.

12. Active el **Modo Restringido de YouTube**

Administrar Aplicaciones

13. Seleccione Aplicaciones Android.

14. Seleccione la aplicación de su elección.

15. Active o desactive la aplicación, o seleccione Permisos.

16. Active o desactive los ajustes como desee.

Encontrar y administrar la ubicación del dispositivo Android de su hijo

17. Seleccione Ubicación.

18. Seleccione Activar.

Nota: No verá la ubicación de su hijo en la aplicación Family Link si:

- Su dispositivo está apagado

- Su dispositivo no está conectado a Internet

- El dispositivo no se ha utilizado recientemente

Controles para iniciar sesión en otros dispositivos

19. Seleccione Más

20. Seleccione Controles para iniciar sesión

21. Elija si desea aprobar cada vez que su hijo intente iniciar sesión en un dispositivo que no pueda ser supervisado.

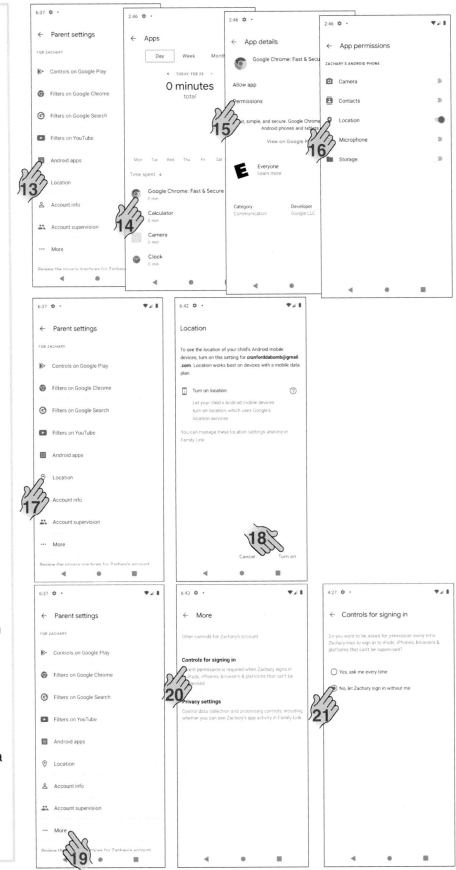

Maneje el tiempo de pantalla de su hijo

Cuando su hijo alcance el límite establecido para su tiempo de pantalla, recibirá una notificación y su dispositivo se bloqueará. Cuando el dispositivo está bloqueado, su hijo:

- No puede ver las notificaciones.

- No se puede desbloquear el dispositivo ni utilizar ninguna aplicación, excepto para las aplicaciones designadas como aplicaciones siempre permitidas.

- Puede responder llamadas telefónicas y pulsar Emergencia para realizar una llamada si el dispositivo tiene un plan de llamadas (solo teléfonos Android).

22. En la tarjeta "Límite diario," toque Configurar o Limites de Editar y siga las instrucciones que aparecen en pantalla.

23. Active horario y seleccione cada día que quiera limitar el tiempo de pantalla y la cantidad máxima de horas de uso para cada día.

24. Ajuste la hora de acostarse, cuando el dispositivo de su hijo no funcione, seleccionando Hora de acostarse.

25. Active Horario, y después la hora de acostarse para cada día.

Cómo darle tiempo adicional a su hijo

Puede dejar que su hijo pase más tiempo en su dispositivo durante el día sin cambiar su límite diario o horario de acostarse.

- Abra la aplicación Family Link y seleccione a su hijo.

- En la tarjeta de uno de los dispositivos Android o Chromebook de su hijo, aparecerá el chip de tiempo ⏱⁺extra cuando el dispositivo de su hijo se bloquee pronto o si el dispositivo de su hijo ya se ha bloqueado.

- Toque y siga ⏱⁺ las instrucciones que aparecen en la pantalla para darle a su hijo tiempo extra para el día.

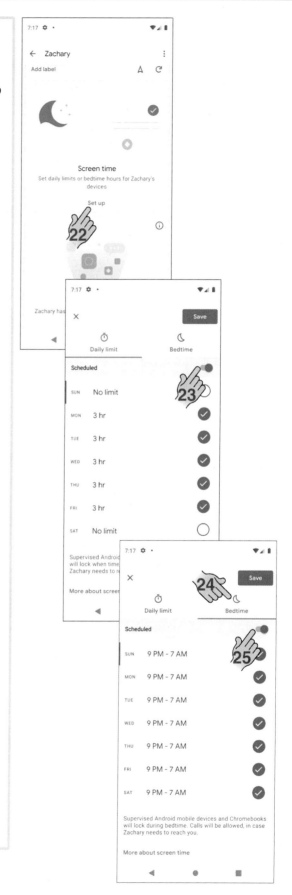

Limitar el tiempo de pantalla para aplicaciones específicas

Puede establecer límites de tiempo en las aplicaciones para administrar cuánto tiempo puede pasar su hijo en una aplicación específica cada día.

26. En la tarjeta "Actividad de la aplicación," toque **Establecer Límites** o **Más**.

27. Junto a la aplicación deseada, toque Vaciar reloj de arena y después Establecer límite.

28. Establezca un límite de tiempo diario para la aplicación o bloquee completamente.

Nota: Las aplicaciones siempre permitidas no cuentan para los límites de tiempo de pantalla de su hijo y no están disponibles después de acostarse.

Si los padres tocan "Bloquear ahora," las aplicaciones siempre permitidas no están disponibles, a menos que cambie esta configuración desde la tarjeta de bloqueo del dispositivo.

Bloquee el dispositivo de su hijo

29. En la tarjeta de uno de los dispositivos Android de su hijo, toque Bloquear ahora o Desbloquear.

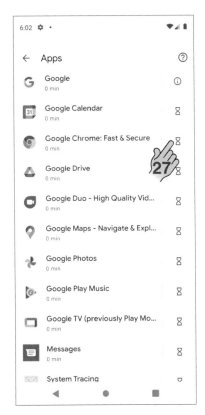

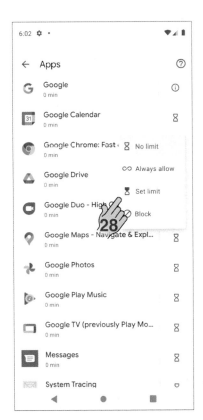

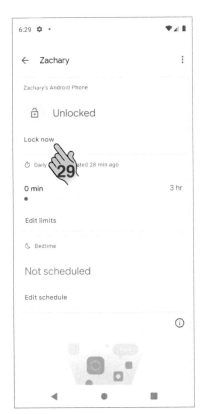

Controles Parentales de Xbox

La aplicación Configuración de familia Xbox (iPhone y Android) permitirá a los padres aplicar la configuración de las actividades de juego en Xbox Series X|S y Xbox One. Los límites de tiempo de contenido y pantalla se pueden aplicar a PCs con Windows 10 cuando una cuenta de niños ha sido iniciada en la cuenta Microsoft con un perfil de Xbox que forma parte del grupo familiar.

Agregue un niño que tenga una cuenta Microsoft

Inicie sesión en la aplicación con la cuenta Microsoft de un organizador (padre), y después seleccione **Continuar**.

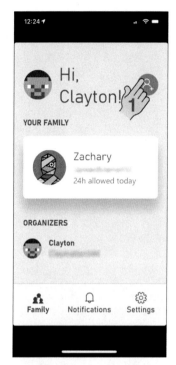

1. Seleccione el icono de Cuentas verde en la parte superior derecha de la pantalla Familia, seleccione **Invitar a alguien**, y después seleccione **Siguiente**.

2. Introduzca la **dirección de correo electrónico** del miembro que desea agregar, y después seleccione **Siguiente**.

• Compruebe que el Miembro está seleccionado para su rol en el grupo familiar, y después seleccione **Enviar invitación** > **Listo**. Enviaremos una invitación por correo electrónico a la dirección de correo electrónico del miembro.

Nota: Tendrá que abrir la invitación por correo electrónico que se envió al correo electrónico del miembro, seleccionar Mi padre puede iniciar sesión ahora, y siga las instrucciones que aparecen en pantalla.

Cierre sesión y vuelva a la aplicación con la cuenta Microsoft de un organizador, y asegúrese de que se haya agregado la cuenta del miembro a Su familia.

Si la cuenta del miembro no tiene un perfil de Xbox, seleccione Configurar cuenta Xbox con el nombre de su cuenta y siga las instrucciones que aparecen en pantalla para crear una.

Agregue un niño que no tenga una cuenta Microsoft

Inicie sesión en la aplicación con la cuenta Microsoft de un organizador, y después seleccione **Continuar**.

1. Seleccione el icono de cuentas verde en la parte superior derecha de la pantalla Familia, seleccione Crear una cuenta para niño, y después seleccione Siguiente.

2. Introduzca la dirección de correo electrónico del miembro o seleccione Obtener una nueva dirección de correo electrónico para obtener una nueva.

Siga las instrucciones que aparecen en pantalla para configurar la cuenta Microsoft del miembro.

Después de que la aplicación genere automáticamente una foto de jugador y un nombre de jugador para el perfil del miembro en Xbox, seleccione Siguiente.

Administrar el Tiempo de Pantalla

3. Toque en la tarjeta de perfil de su hijo.

4. Toque en la tarjeta de Tiempo de Pantalla.

5. Elija el Horario que prefiera, el mismo límite de tiempo para cada día de la semana o personalice los límites de tiempo diariamente.

6. Toque el día en que desea limitar el tiempo de pantalla encendido.

7. Elija el Límite de Tiempo, el tiempo total de pantalla permitido para ese día.

8. Elija el Intervalo de Tiempo que su hijo puede usar el Xbox.

Aplique el filtro de edad para los juegos de Xbox de su hijo

- Toque en la **tarjeta de perfil de su hijo**.

9. Toque en Restricciones de Contenido.

10. Toque en Permitir Contenido para establecer el nivel de edad de contenido adecuado para su hijo.

   - Si establece la edad de su hijo menos de 10 años, tendrá que habilitar acceso a Minecraft.

12. Active Permitir este juego para habilitar Minecraft.

13. Los clubs son lugares de reunión en línea creados por la Comunidad Xbox para personas con ideas similares afines para disfrutar de juegos multijugador y socializar. No recomiendo habilitar esto para niños menores de 16 años.

14. Active Permitir este juego para habilitar Minecraft Dungeons.

Controle la aprobación de amigos

15. Toque en el **icono de engranaje** en la esquina superior derecha de la aplicación.

16. Seleccione **Agregar amigos**.

17. Si desea aprobar cada solicitud de amistad, deje esto desactivado (atenuado). Si lo activa, elija solo Amigos abajo.

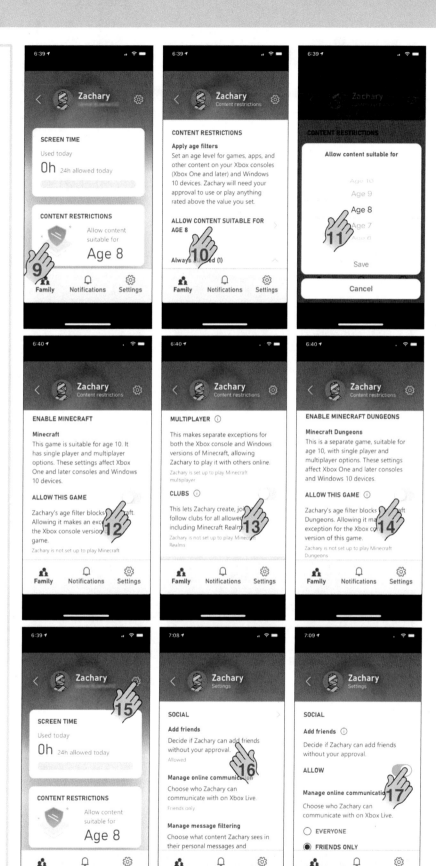

Administrar la comunicación en línea

1. Esto es con quien su hijo puede comunicarse usando voz y texto, y quien puede enviarles invitaciones a fiestas, juegos o clubs. Seleccione el adecuado:

*   Todo el mundo significa cualquier persona haya iniciado sesión en la comunidad en línea de Xbox.

*   Los amigos son cualquier persona en la lista de amigos de Xbox Live de su hijo.

*   Nadie significa que su hijo no recibirá ninguna comunicación o invitación de voz o textos.

Administrar el filtrado de mensajes

2. Puede elegir el filtrado predeterminado para la edad de su hijo. Si elige **Personalizado**, puede establecer el nivel de filtro granulado para una variedad de situaciones de mensajes de texto.

3. Asegúrese de que **Ver contenido oculto** este desactivado (atenuado)

Manejar compras en línea

4. Elija Pida comprar **Activado** (verde)

Administrar juegos multijugador

5. Desactive si no quiere que su hijo juegue juegos multijugador

Administrar juegos en red

Algunos juegos multijugador pueden ser jugados por personas en diferentes plataformas, como PC y Nintendo.

6. Apagar esto bloqueará a su hijo de jugar estos juegos.

Nota: No hay nada inherentemente más peligroso en los juegos de red que los juegos multijugador. Son esencialmente lo mismo.

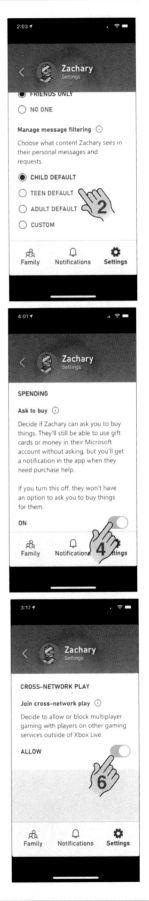

Bloquee sitios web inapropiados en su Xbox

El filtrado web está activado automáticamente para niños menores de 8 años.

Método Uno: En la consola

1. En el controlador de consolas, presione el botón ⊗ Xbox para abrir la guía y luego vaya a **Perfil & sistema** > **Configuración** > **Cuenta** > **Configuración de la familia**.

2. Seleccione **Administrar miembros de la familia**, y después elija la cuenta de niño a la que desea agregar filtros web.

3. **Seleccione Filtrado web**, y después seleccione el menú desplegable para ver todas las opciones disponibles.

4. Elija el nivel deseado de filtrado web.

Nota: Si elige la lista Permitida únicamente, su hijo solo puede ver los sitios web que ha agregado a la lista Siempre permitida en account.microsoft.com/family.

Método Dos: En su cuenta Microsoft

Inicie sesión en su cuenta en: account.microsoft.com/family.

5. Elija en Más opciones debajo de la cuenta de su hijo.

6. Elija en Restricciones de contenido

7. Elija en la navegación web.

8. Puede enumerar el sitio web que no desea bloqueado y el sitio web que desea bloquear (por ejemplo, reddit.com, omegel.com, etc.).

9. Compruebe que solo permita que estos sitios web restrinjan a su hijo a sitios específicos que elija.

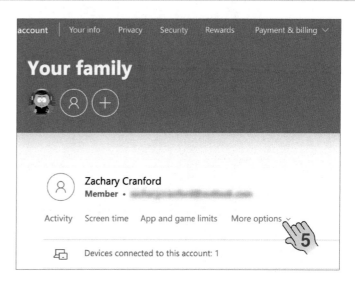

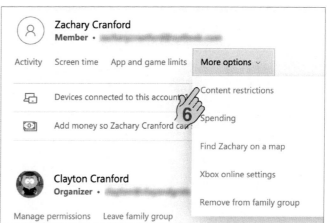

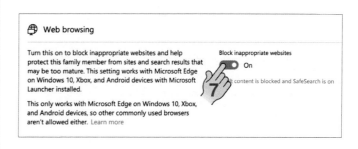

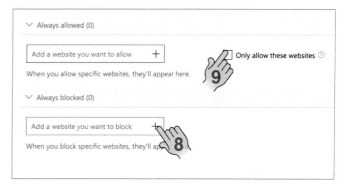

Configure una cuenta de padres para PlayStation Network

Necesita una cuenta para usar los servicios de PlayStation Network. Es gratis crear una cuenta y no es necesario proporcionar ningún dato de pago.

1. En su navegador web, vaya a Administración de cuentas (https://id.sonyentertainmentnetwork.com/) y seleccione **Crear Cuenta Nueva**.

2. Introduzca sus detalles y preferencias y seleccione **Siguiente** en cada pantalla.

3. Verifique su dirección de correo electrónico. Compruebe su correo electrónico para obtener un mensaje de verificación. Siga las instrucciones del mensaje para verificar su dirección de correo electrónico.

Agregar la cuenta de un niño

4. Inicie sesión en Administración de cuentas y seleccione Administración familiar.

5. Si aún no ha configurado una cuenta secundaria, seleccione Configurar Ahora. De lo contrario, seleccione **Agregar Miembro de la Familia**.

6. Seleccione **Agregar un niño**.

7. Introduzca el nombre y la fecha de nacimiento del niño, y oprima en Siguiente. Aparecerá el Acuerdo de usuario y deberá aceptarlo para continuar.

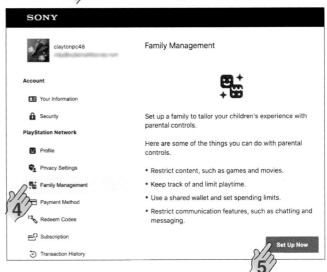

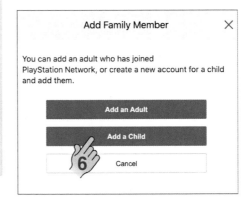

8. Seleccione la edad adecuada para su hijo.

9. La elección de la **Navegación Web** restringida restringirá el uso del navegador web para abrir URLs compartidas en mensajes y enlaces a páginas web dentro de los juegos. Ponga Restringida para niños menores de 16 años. Si le preocupa que su hijo obtenga vínculos con la pornografía, restringa. Y seleccione **Confirmar**.

10. Para los jugadores más jóvenes, recomiendo restringir el chat y la mensajería con otros jugadores (incluidos los amigos de su hijo), así como ver o compartir vídeos, imágenes y texto en PlayStation Network.

11. Restringa el acceso a las funciones en línea de los juegos de PS4 y oculte los juegos y el contenido en la Tienda PlayStation en función de la edad de su hijo.

12. Limite la cantidad total que su hijo puede gastar en la Tienda PlayStation por mes. Los pagos se realizan desde la cartera del administrador de la familia. Después seleccione **Confirmar** y establezca la zona de tiempo.

13. Restringir el **tiempo de juego**.

14. Establezca **Cerrar sesión** cuando finalice el tiempo de reproducción.

15. Establezca cuánto tiempo y durante qué horas puede jugar su hijo. Puede aplicar diferentes configuraciones para cada día de la semana.

Nota: La configuración de tiempo de reproducción se aplica tanto a PS5 como a PS4. Si su hijo juega juegos en PS5 y PS4 el mismo día, se suma el tiempo dedicado a jugar.

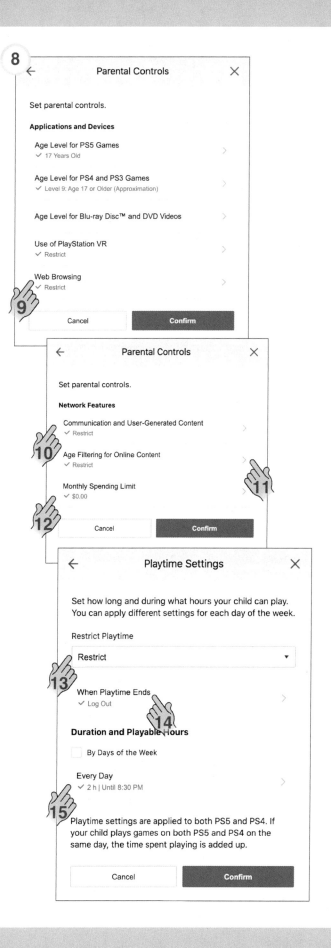

Evite que los niños cambien el control parental en PlayStation 5 y PlayStation 4

Hay tres pasos más importantes para asegurar y proteger a su hijo en su PlayStation.

Establezca un código de acceso de restricción del sistema

El código de acceso de restricción del sistema impide que su hijo cambie la configuración de control parental en su PlayStation. Asegúrese de elegir un código de acceso memorable que solo usted sabe. Solo compártalo con los miembros de la familia que usted nombra como tutor porque permite cambiar o eliminar todos los controles.

1. Inicie sesión como administrador familiar y vaya a **Configuración** > **Controles Parentales y de Familia** > **Restricciones de Consola PS5** o **Restricciones de Sistema PS4**, dependiendo de la consola.

2. Introduzca el código de acceso de restricción del sistema existente. Si no ha establecido uno antes, el código predeterminado es 0000.

3. Seleccione **Cambiar el código de acceso de restricción del sistema**.

4. Introduzca un nuevo código de acceso de cuatro dígitos utilizando los botones correspondientes del controlador. Asegúrese de que sea algo memorable que sólo usted sepa.

5. Introduzca el código de acceso una segunda vez para confirmar.

Establecer un código de acceso de inicio de sesión

Haga que todos los que tengan una cuenta en su consola PlayStation establezcan un código de acceso de inicio de sesión. De lo contrario, los miembros de su familia infantil pueden iniciar sesión en las cuentas de adultos o niños mayores y evitar los controles que usted les ha puesto.

Para el PS5

1. Vaya a **Configuración** > **Usuarios y Cuentas**.

2. Seleccione **Configuración de inicio de sesión** > **Establezca un código de acceso de inicio de sesión PS5**.

3. Establezca un código de acceso de cuatro dígitos. Asegúrese que sea algo memorable que sólo usted sepa.

Para el PS4

1. Vaya a **Ajustes** > **Ajustes de inicio de sesión** > **Administración de código de acceso de inicio de sesión**.

2. Establezca un código de acceso de cuatro dígitos. Asegúrese que sea algo memorable que sólo usted sepa.

Desactive la creación de nuevos usuarios y el inicio de sesión de invitados

Evite que su hijo cree una nueva cuenta sin restricciones en lugar de usar la que creó para ellos desactivando la creación de nuevos usuarios y la opción de iniciar sesión como invitado.

1. Inicie sesión como administrador de la familia y vaya a **Ajustes** > **Controles Parentales y Familia** > **Restricciones de Consola PS5** o **Restricciones de Sistema PS4**.

2. Seleccione **Creación de Usuarios e Inicio de sesión para Invitados** > **No Permitido**.

Controles Parentales de Nintendo

Para configurar el control parental en el Nintendo Switch de su hijo, debe crear una cuenta en https://www.nintendo.com/

1. Inicie sesión en su cuenta Nintendo y seleccione **Grupo Familiar**.

2. Seleccione **Agregar miembro**.

Si su hijo ya tiene su propia cuenta de Nintendo

3. **Seleccione Invitar a alguien a su grupo familiar**.

Si su hijo aún no tiene una cuenta.

4. Seleccione **Crear una cuenta para un niño**.

5. Necesitará su tarjeta de crédito para demostrar que es padre configurando la cuenta de su hijo. Sólo costará $.50.

6. Siga las instrucciones en las pantallas de procedimiento.

7. En la página Configuración del grupo Familia, seleccione su hijo debajo de los Miembros.

8. Seleccione **Gastos/compras en Nintendo Switch eShop y nintendo.com**.

9. Si desea restringir a su hijo de la compra de juegos o suscripciones, entonces active **Restringido y Guarde los cambios**.

10. Seleccione **Visualización de contenido en Nintendo Switch eShop**.

11. Marque la casilla para restringir a su hijo a ver únicamente el contenido en función de sus categorías de edad y clasificación de la ESRB.

 Los controles parentales de Nintendo y el uso del tiempo de pantalla están configurados y controlados por La aplicación gratuita de Nintendo, Controles Parentales de Nintendo Switch. Descárguelo desde la Tienda de Aplicaciones de Apple o Google.

12. Tenga el Switch de su hijo cerca. Abra la aplicación y toque **Siguiente**.

13. Ahora, vinculará la aplicación al Switch de su hijo. Siga las instrucciones proporcionadas.

14. Una vez que el Switch está vinculado, ahora puede configurar los controles parentales. En la pantalla de configuración, seleccione tarjeta **Limite de Tiempo de Juego** (Play Time Limit).

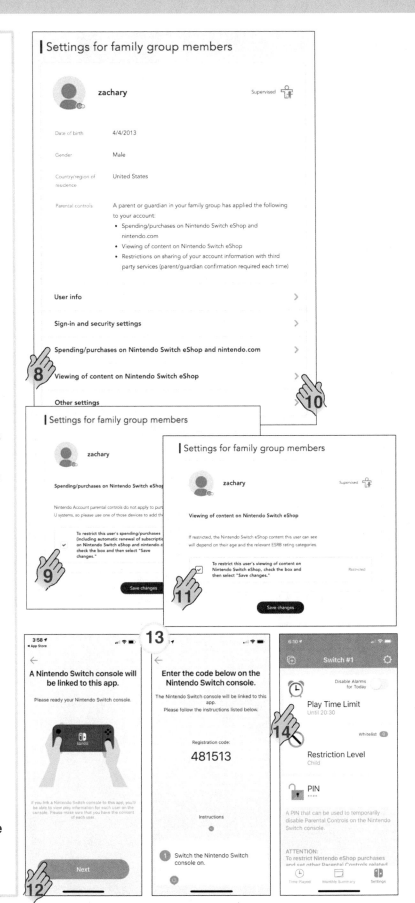

Si ha establecido un límite de tiempo de juego diario y una alarma a la hora de acostarse, aparecerá una notificación en el Nintendo Switch de su hijo para cualquier límite que se alcance primero. Puede desactivar temporalmente el Control Parental para permitir el juego sin restricciones en el dispositivo. Se requiere su PIN de control parental para desactivar el control parental.

15. Establezca el tiempo máximo de juego y cuándo comienza y termina la hora de acostarse.

16. Active **Suspender Programa**, y después seleccione **Guardar**.

17. Seleccione la tarjeta **Nivel de Restricción** en la pantalla de configuración.

18. Puede elegir entre tres niveles pre-configurados (Adolescente, Niño, y Niño Pequeño), o puede personalizar el nivel de restricción de su hijo. Despues seleccione **Guardar**.

19. Seleccione la tarjeta PIN en la pantalla de configuración. Establezca un PIN único.

20. Para evitar que se cambien los ajustes de control parental, seleccione el icono de engranaje en la pantalla de configuración.

21. Seleccione **Bloquear aplicación** y habilitar Touch ID o Face ID (lo que tenga su dispositivo).

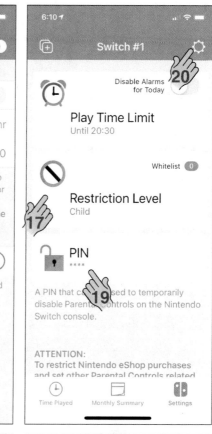

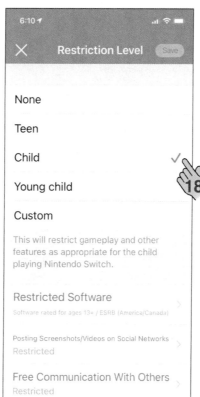

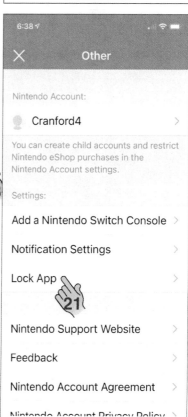

Controles Parentales de Windows 10

Microsoft le ofrece un par de maneras de configurar el control parental en el dispositivo Windows 10 de su hijo. En primer lugar, debe crear una cuenta Microsoft y configurar una cuenta familiar. Esto se puede hacer en su dispositivo Windows 10 o en línea. Además, Microsoft también tiene una aplicación móvil, Microsoft Family Safety (iPhone y Android), que puede controlar el tiempo de pantalla, filtros de contenido, rastreador de ubicación familiar, e informes de conducción.

Como agregar un niño a una Familia Microsoft desde una computadora con Windows 10.

1. Inicie sesión en su computadora Windows y seleccione el icono ⊞.

2. Seleccione el icono ⚙ Configuración.

3. Seleccione Cuentas.

4. Seleccione Familia y otros usuarios.

5. Seleccione Agregar un miembro de la familia.

6. Si su hijo ya tiene una cuenta Microsoft, escriba el correo electrónico asociado. Si no tienen una cuenta Microsoft, seleccione Crear una para un niño.

7. Cree su nuevo correo electrónico de Outlook y siga los pasos para configurar su cuenta. Esta será la información que usarán para iniciar sesión en su equipo Windows.

8. Por último, abra la cuenta de correo electrónico de su hijo. Si configura su cuenta Microsoft por primera vez, encontrará dos solicitudes de confirmación de Microsoft esperando su atención: una para verificar su dirección de correo electrónico y otra para aceptar la supervisión parental de su cuenta.

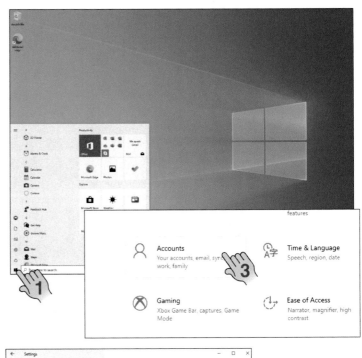

Para realizar cambios en los controles parentales de su hijo, desde su navegador de Internet, inicie sesión en www.account.microsoft.com/family. También puede realizar estos cambios en la aplicación Microsoft Family Safety.

1. En la pantalla Familia, seleccione **Tiempo de Pantalla** debajo de la cuenta de su hijo.

2. Active en los dispositivos vinculados en los que desea poner límites de tiempo de pantalla.

3. Seleccione **Límites de Aplicación y Juego**.

4. **Active Límites de Tiempo**.

5. Para evitar que su hijo use una aplicación, seleccione **Bloquear aplicación**.

6. Seleccione **Restricciones de contenido**.

7. Elija la clasificación de edad adecuada para los juegos disponibles de su hijo. También verá una lista de las aplicaciones que ha designado como **Siempre permitidas** y **Siempre bloqueadas**.

8. Active en **Bloquear sitios web inapropiados** bajo **Navegación web**. Esta configuración solo funciona con el navegador de Internet Microsoft Edge en dispositivos Windows 10, Xbox, y Android con el iniciador de Microsoft instalado. Por lo tanto, bloqueará automáticamente los navegadores más utilizados. Si su hijo necesita el navegador Chrome para el trabajo escolar, tendrá que desbloquearlo. No estará cubierto por este control parental.

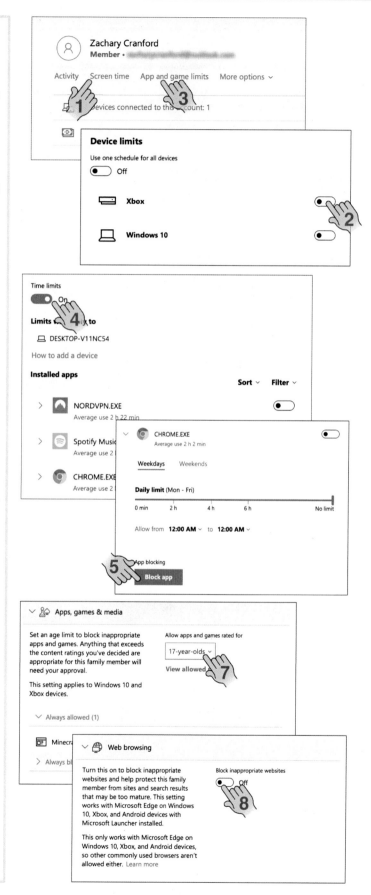

9. Seleccione Gasto.

10. Active Necesita la aprobación del organizador para comprar cosas y enviarme un correo electrónico cuando obtengan cosas.

11. Si desea financiar la cuenta de su hijo con dinero que puede usar en los juegos, seleccione Agregar dinero. También puede ver el historial de compras aquí.

Aplicación Microsoft Family Safety

Instale la aplicación Microsoft Family Safety en su dispositivo móvil.

Le permitirá ver fácilmente la actividad de tiempo de pantalla de su hijo en todos sus dispositivos Microsoft vinculados (Xbox incluido).

Puede ajustar cualquiera de los controles parentales mencionados anteriormente. Además, si es una suscripción a Familia Microsoft 365, puede recibir alertas de ubicación cuando alguien sale o llega a una ubicación designada. Obtenga información sobre cómo le va a su familia en la carretera, incluyendo cuántas veces usan su teléfono mientras conducen, su velocidad máxima e incluso el número de veces que frenan duro.

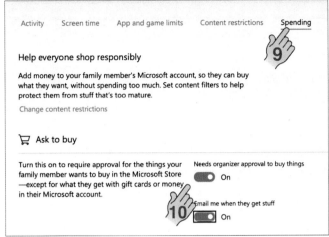

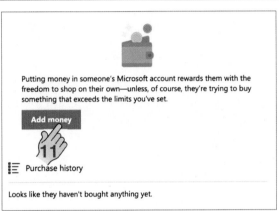

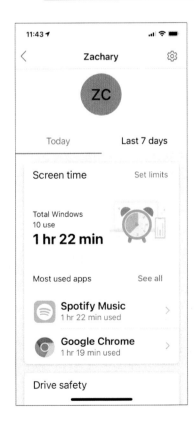

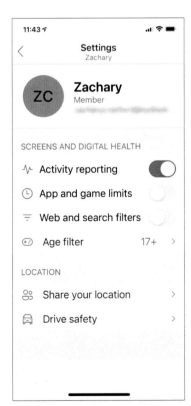

Controles Parentales de macOS

Para configurar el control parental en sus dispositivos macOS, primero debe configurar Compartir en Familia. Si ya lo ha hecho, pase a "Configurar el Control Parental." Las capturas de pantalla son de macOS Big Sur 11.0.

Configure Compartir en Familia en Mac

Compartir en familia permite que hasta seis miembros de su familia compartan compras de la Tienda iTunes, Tienda de Aplicaciones, y Tienda de Libros Apple, y un plan de almacenamiento de iCloud - todo esto sin compartir cuentas. Su familia puede compartir suscripciones a Música Apple, TV Apple, Noticias+ Apple, y Juegos Apple (no esta disponible en todos los países o regiones). Su familia también puede ayudar a localizar los dispositivos del otro con la aplicación Buscar Mi en Mac, en iCloud.com, y en dispositivos iOS y iPadOS. Un adulto, el organizador familiar, organiza Compartir en Familia e invita a hasta cinco personas a unirse al grupo Compartir en Familia.

En su Mac

1. Seleccione el icono **Configuración** en la carpeta Aplicaciones.

2. Seleccione **Compartir en Familia**.

3. Confirme el ID de Apple que desea usar para Compartir en Familia y asegúrese de que Compartir Mis Compras esté seleccionado.

4. Siga las instrucciones que aparecen en pantalla.

Si esta usando macOS Mojave o anterior:

1. Seleccione el icono Configuración en la carpeta Aplicaciones, y después presione en iCloud.

2. Confirme el ID de Apple que desea usar para Compartir en Familia y asegúrese de que Compartir mis Compras esté seleccionado.

3. Siga las instrucciones que aparecen en pantalla.

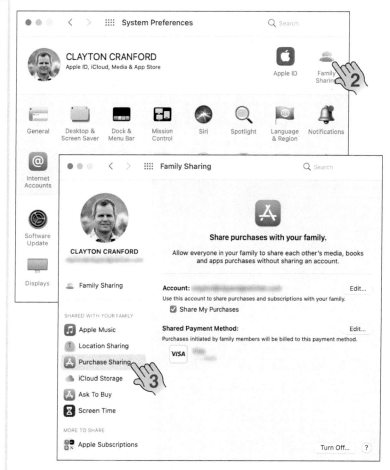

Configurar los Controles Parentales

En su Mac, haga una de las siguientes acciones:

4. Si usa Compartir en Familia: inicie sesión en su cuenta de usuario de Mac y asegúrese de haber iniciado sesión con su ID Apple.

5. Si no está utilizando Compartir en Familia: inicie sesión en la cuenta de usuario de Mac del niño.

6. En la ventana Preferencias del Sistema, presione en el icono ⌛ Tiempo de Pantalla.

7. Si usa ⌛ Compartir en Familia, presione en el menú emergente de la barra lateral, y después elija a un niño.

8. Presione Opciones en la esquina inferior izquierda de la barra lateral.

9. Presione Activar en la esquina superior derecha.

Seleccione cualquiera de las siguientes opciones:

10. Incluir datos del sitio web: Seleccione esta opción si desea que los informes de tiempo de pantalla incluyan detalles sobre los sitios web específicos visitados. Si no selecciona esta opción, los sitios web se notifican como uso de Safari.

11. Utilice Código de Acceso de Tiempo de Pantalla: Seleccione esta opción para evitar que se cambie la configuración de tiempo de pantalla y para requerir un código de acceso para permitir tiempo adicional cuando expiren los límites.

Configurar el Tiempo de Inactividad

12. Si el tiempo de inactividad está desactivado, presione en Activar en la esquina superior derecha. Si el botón Activar está atenuado, debe activar la Hora de Pantalla del miembro de la familia seleccionado.

13. Elija su horario de Tiempo de Inactividad.

14. Si desea bloquear el dispositivo durante el tiempo de inactividad, active la casilla Bloquear en Tiempo de Inactividad. Esta opción solo está disponible cuando usa un Código de Acceso de Tiempo de Pantalla.

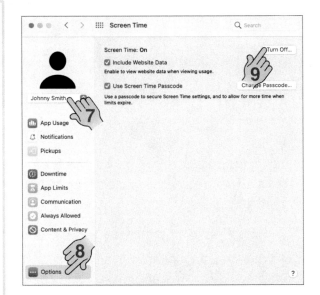

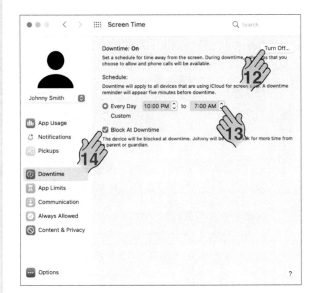

Configurar Límites de Aplicación

En Tiempo de Pantalla en Mac, puede establecer límites de tiempo para aplicaciones y sitios web para usted o sus hijos.

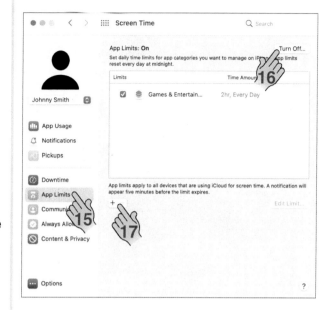

15. Presione en **Límites de Aplicación** en la barra lateral.

16. Si Límites de Aplicación está desactivado, presione en **Activar** en la esquina superior derecha. Si el botón Activar está atenuado, debe activar el Tiempo de Pantalla.

17. Presione en el botón + para crear un nuevo límite de aplicación.

Puede incluir cualquier combinación de aplicaciones, categorías, o sitios web en cada límite que cree.

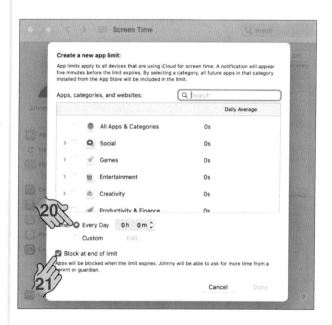

18. En la ventana "Crear un nuevo límite de aplicación," seleccione la casilla de verificación situada junto a cada una de las aplicaciones, categorías o sitios web que desea incluir en el límite.

19. Limitar un sitio web: Presione en la flecha situada junto a la categoría Sitios web en la parte inferior de la lista. Si el sitio web ha sido visitado, aparece en la lista debajo de la categoría Sitio web, y puede seleccionar la casilla de verificación junto a él. Si el sitio web no está en la lista, haga clic en el botón Agregar sitio web debajo de la lista de sitios web, y después escriba el URL del sitio web.

Introduzca un Límite en el campo Tiempo:

20. Configure el mismo límite de aplicación para cada día: Seleccione Cada Día, y después introduzca una cantidad de tiempo. Configure un límite de aplicación diferente para cada día de la semana: seleccione Personalizado, y después especifique una cantidad de tiempo para cada día.

21. Presione en Bloquear al final del límite y Listo.

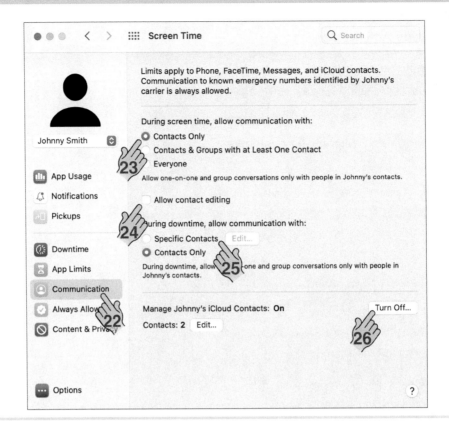

Establecer límites de comunicación

Los límites establecidos se aplican a las llamadas telefónicas, FaceTime, Mensajes, y contactos de iCloud. Un padre o tutor también puede solicitar permiso para administrar contactos de iCloud.

22. Presione en Comunicación en la barra lateral.

23. Seleccione una opción abajo "Durante el tiempo de pantalla, permita la comunicación con."

  - Solo Contactos: permite conversaciones uno a uno y en grupo durante el tiempo de pantalla solo con personas en los contactos de su familia.

  - Contactos & Grupos con al Menos Un Contacto: Permita conversaciones uno a uno durante el tiempo de pantalla solo con personas en los contactos de su familia y permita conversaciones grupales que incluyan al menos a una persona en los contactos de su familia.

  - Todos: Permita conversaciones uno a uno y en grupo durante el tiempo de pantalla con cualquier persona, incluyendo los números desconocidos.

24. Deje esta opción sin seleccionar si desea evitar que su hijo edite sus contactos.

25. Seleccione Contactos Específicos en "Durante el tiempo de inactividad, permita la comunicación con."

26. Si quiere administrar los contactos de iCloud de un niño, presione en el botón Activar.

Si el miembro de su familia deniega la solicitud para administrar sus contactos, ya no se muestra el estado Pendiente.

Elige aplicaciones siempre permitidas en Tiempo de Pantalla

Especifique las aplicaciones que se pueden usar en cualquier momento, incluso durante el tiempo de inactividad, para su hijo.

27. Presione **Siempre Permitido** en la barra lateral.

28. Seleccione una opción abajo "Durante el tiempo de inactividad, permita la comunicación con." Consulte "Configurar límites de comunicación."

29. En la lista de Aplicaciones permitidas, seleccione o anule la selección de las casillas de verificación situadas junto a las aplicaciones.

Configurar restricciones de contenido y privacidad

30. Presione en Contenido y Privacidad en la barra lateral.

31. Si el Contenido y las Restricciones de Privacidad están desactivadas, presione en **Activar**.

32. Para restringir el contenido web, presione en **Contenido**, y después seleccione opciones.

    - Seleccione **Limitar Sitios Web Para Adultos o Solo Sitios Web Permitidos**

33. Para restringir las películas, programas de televisión, y compras de aplicaciones, presione **Tiendas**, después seleccione opciones.

    - Marque **Siempre Requiera Contraseña**

34. Para restringir las aplicaciones, presione **Aplicaciones**, después seleccione opciones.

    - Desmarque AirDrop

35. Para bloquear ciertos ajustes, presione **Otros** después seleccione opciones.

    - Asegúrese de que los **Cambios de Cuenta** están desactivados.

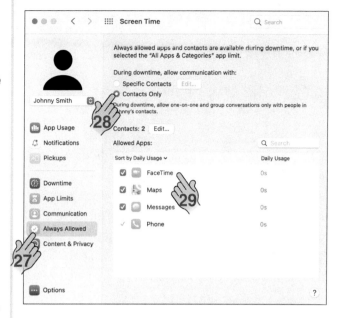

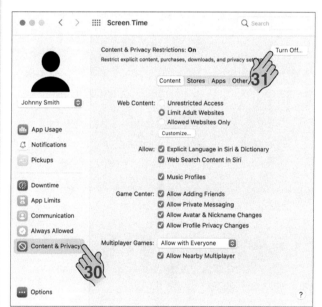

Controles Parentales de Chromebook

Los Chromebook son un nuevo tipo de computadoras que usan Chrome OS, un sistema operativo que tiene almacenamiento en las nubes, integrado con Google, y múltiples capas de seguridad. Muchas escuelas están proporcionando Chromebooks a sus estudiantes para usarlos en el salón de clases o para llevarlos a casa. Dependiendo de su situación, es posible que proporcione el Chromebook para su hijo, o que la escuela sea dueña del Chromebook que su hijo esté usando en casa. Como todas las computadoras, es necesario utilizar los controles parentales. Un Chromebook propiedad de la escuela puede plantear algunos desafíos. Proporcionaremos soluciones para ambas situaciones.

Situación 1: Chromebook propiedad de la escuela

La cuenta de Chromebook de la escuela de su hijo tendrá controles para bloquear sitios web inapropiados. Si el Chromebook está configurado para permitir inicios de sesión para "invitados," cualquier persona puede iniciar sesión con una cuenta de Google no escolar y evadir todos los controles escolares. Además, queremos que el Chromebook se limite para permitir solo que ciertas cuentas accedan a él. El primer paso es determinar si el Chromebook escolar de su hijo permite "navegar por invitados."

1. Active el Chromebook de su hijo. En la pantalla de inicio de sesión, si la opción "Navegar como Invitado" aparece en el área inferior izquierda de la pantalla, entonces Navegación de Invitados está activada.

2. Inicie sesión en la cuenta de su hijo, presione el área del reloj en la esquina inferior derecha de la pantalla.

3. Presione el icono ⚙ de engranaje (Configuración).

4. Seleccione Personas.

5. Seleccione Administrar a otras personas.

6. Si ve Estos ajustes solo pueden ser modificados por el propietario, no podrá desactivar la navegación de invitados y activar Restringir inicio de sesión. Deberá ponerse en contacto con el administrador de IT de la escuela y hacer que realicen estos cambios.

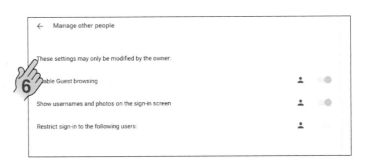

Situación 2: Chromebook propiedad de los Padres

Un Chromebook propiedad de los padres es la mejor situación para estar. Le dará al padre la flexibilidad para configurar la cuenta de su hijo y utilizar Family Link para unificar la configuración de control parental en todos sus dispositivos Google/Android.

Haga a un Padre el Propietario del Chromebook.

El primer paso es convertir a un padre en el "propietario" del Chromebook. Si su hijo ya ha creado una cuenta en su Chromebook, realice un restablecimiento de fábrica. No perderán sus archivos ya que se guardan en las nubes. Para realizar un restablecimiento de fábrica: cierre sesión en su Chromebook y mantenga presionada las teclas Ctrl + Alt + Shift + r.

7. Inicie sesión como propietario. Necesitará una cuenta de Google para hacerlo.

8. En la esquina inferior derecha de la pantalla, presione el área del reloj.

9. Presione el icono ⚙ de engranaje (Configuración).

10. Seleccione **Personas**, después seleccione **Administrar a otras personas**.

11. Asegúrese de que **Habilitar la Navegación de Invitados** está desactivado (blanco), **Mostrar nombres de usuario y fotos en la pantalla de inicio de sesión** está activado (azul) y **Restringir el inicio de sesión a los siguientes usuarios** esta desactivado (blanco). Volveremos a activar esto después de haber agregado la cuenta de su hijo.

Agregue a su hijo al Chromebook

12. Si ha iniciado sesión en su Chromebook, cierre sesión.

13. En la parte inferior, presione **Agregar persona**.

14. Introduzca la dirección de correo electrónico y contraseña de la Cuenta de Google, después presione en **Siguiente**.

15. Siga los pasos que aparecen.

Restringir el Inicio de Sesión

16. Vuelva a iniciar sesión en la cuenta del padre propietario.

17. Vuelva a la pantalla **Administrar otras personas**.

18. Active (azul) **Restringir inicio de sesión a los siguientes usuarios**.

Establecer controles parentales

Utilice Family Link ◆ para activar varios controles parentales. Puede encontrar instrucciones paso a paso sobre cómo hacerlo en la página 92, Configuración de controles parentales con Family Link.

Agregue una cuenta escolar para un usuario de Family Link

Los administradores de Área de Trabajo de Google para Educación determinan a qué servicios de Google pueden acceder sus usuarios (estudiantes) al iniciar sesión en una cuenta de Área de Trabajo de Google para Educación. Esto puede incluir algunas características o servicios a los que su hijo no pudo acceder previamente usando la cuenta supervisada de Family Link.

Los controles parentales de Family Link de un padre se aplicarán a una cuenta escolar si:

*   Está en un Chromebook con las versiones 83 y mas altas. Obtén más información sobre cómo actualizar el sistema operativo de su Chromebook.

*   La cuenta personal de Google de su hijo es administrada por Family Link. Obtén información sobre cómo crear una cuenta de Google para su hijo.

*   Se agrega una cuenta escolar como una cuenta secundaria.

Agregue una cuenta escolar como una cuenta secundaria

1. En su Chromebook, inicie sesión en la cuenta personal de Google de su hijo administrada por Family Link.

2. En la parte inferior derecha, presione el área de tiempo.

3. Seleccione ⚙ Configuración.

4. A la izquierda, seleccione **Personas**.

5. Seleccione la cuenta personal de Google de su hijo administrada por Family Link.

6. Junto a "Cuentas," seleccione **Agregar cuenta escolar**.

7. Siga los pasos que aparecen en pantalla. Para aprobar la adición de una cuenta escolar, un padre tendrá que dar permiso.

Importante: Si agrega una cuenta escolar como nuevo usuario en la pantalla de inicio de sesión de su Chromebook, los controles parentales de Family Link no se aplicarán a esa cuenta de usuario.

Eliminar una cuenta escolar como cuenta secundaria

En su Chromebook, inicie sesión en la cuenta personal de Google de su hijo administrada por Family Link.

1. En la parte inferior derecha, seleccione el área de tiempo.

2. Seleccione ⚙ Configuración.

3. A la izquierda, seleccione **Personas**.

4. Seleccione la cuenta personal de Google de su hijo administrada por Family Link.

5. Junto a la cuenta de la escuela que desea eliminar, seleccione **Más** . ⋮

6. Seleccione **Quitar esta cuenta**. Un padre tendrá que dar permiso para eliminar una cuenta escolar.

Cómo funciona Family Link con una cuenta escolar

Los límites de tiempo de pantalla, la hora de acostarse, y otros controles parentales se aplican cada vez que un niño inicia sesión en un Chromebook con su cuenta de Family Link. Agregar una cuenta escolar para un usuario de Family Link permite al niño usar aplicaciones escolares como Salón Google mientras se aplican los mismos controles parentales.

Cuando se agrega una cuenta escolar como una cuenta secundaria para un usuario de Family Link, un niño puede:

• Cambiar entre cuentas para revisar el correo electrónico.

• Cambiar entre cuentas mientras está en algunas extensiones de Tienda Chrome Web y aplicaciones de Android, como Salón Google, para hacer tareas escolares bajo supervisión de los padres.

• Inicie sesión en sitios web usando una cuenta escolar.

Bloquee Sitios Web Porno e Inseguros

Le recomiendo que utilice un enfoque de seguridad en capas para la seguridad en línea de su hijo. Necesitamos una solución confiable para abordar las diferentes maneras en que su hijo se conectará a Internet. Su hijo se conectará a través de su Wi-Fi en el hogar, el plan de datos de su teléfono y cualquier otra conexión Wi-Fi disponible que puedan encontrar. Basándome en estos requisitos, he descubierto CleanBrowsing.org como una solución integral gratuita. Sus filtros DNS se pueden utilizar en su enrutador y todos los dispositivos de su hijo.

CleanBrowsing es un filtro basado en DNS que impide que se cargue contenido para adultos. No requiere ninguna instalación de programa y se puede habilitar fácilmente en cualquier lugar cambiando sus servidores DNS a los que proporcionan. También ofrecen aplicaciones para dispositivos principales para simplificar la instalación. CleanBrowsing tiene tres filtros de contenido gratuitos disponibles a través de IPv4 e IPv6. Elija el que más se adapte a sus necesidades.

Filtro Familiar

Bloquee el acceso a todos los sitios para adultos, pornográficos y explícitos. También bloquee los dominios proxy y VPN que se utilizan para omitir los filtros. Los sitios de contenido mixto (como Reddit) también están bloqueados. Google, Bing, y YouTube están configurados en el modo seguro. Los dominios maliciosos y de phishing están bloqueados.

Dirección IPv4: **185.228.168.168** y **185.228.169.168**

Dirección IPv6: **2a0d:2a00:1::** y **2a0d:2a00:2::**

Filtro para Adultos

Bloquee el acceso a todos los sitios para adultos, pornográficos y explícitos. No bloquea proxy o VPN, ni sitios de contenido mixto. Sitios como Reddit están permitidos. Google y Bing están configurados en el modo seguro. Los dominios Maliciosos y de Phishing están bloqueados.

Dirección IPv4: **185.228.168.10** y **185.228.169.11**

Dirección IPv6: **2a0d:2a00:1::1** y **2a0d:2a00:2::1**

Filtro de Seguridad

Bloquea el acceso a phishing, spam, programa maligno, y dominios maliciosos. Nuestra base de datos de dominio malicioso se actualiza cada hora y se considera que es una de las mejores de la industria. Tenga en cuenta que no bloquea el contenido para adultos.

Dirección IPv4: **185.228.168.9** y **185.228.169.9**

Dirección IPv6: **2a0d:2a00:1::2** y **2a0d:2a00:2::2**

Sistema Operativo Windows

La forma más fácil de instalar CleanBrowsing en su dispositivo Windows es usar su aplicación. Ahorra tiempo y evita algunos de los errores más comunes que cometen los usuarios al configurar DNS manualmente. Descargue la aplicación aquí: https://cleanbrowsing.org/guides/windows

macOS

Instale CleanBrowsing en su Mac usando su aplicación. Descargue la aplicación aquí: https://cleanbrowsing.org/guides/macos.

iOS (iPhone y iPad)

El iPhone no tiene una manera sencilla de cambiar los servidores DNS. Recomiendo el uso de su aplicación gratuita. Vaya a la Tienda de Aplicaciones, busque CleanBrowsing e instálelo.

Sistema Operativo Android

Use la aplicación oficial CleanBrowsing para Android, disponible en Tienda de Juegos Google, para configurar CleanBrowsing en su dispositivo Android. Vaya a la Tienda de Juegos Google, busque CleanBrowsing e instálelo.

CleanBrowsing también tiene planes de pago que permiten características mejoradas, como páginas de bloques personalizadas, categorías adicionales y registro y visibilidad.

Su Enrutador

Usted es responsable de cada persona/dispositivo que se conecta a Internet a través de su Wi-Fi (es decir, invitado, amigos del niño, niñera, familia visitante, etc.) El enrutador Wi-Fi también debe tener filtro de contenido. Tiene dos opciones:

Una, puede utilizar un enrutador que tenga el filtrado de contenido integrado. Muchos enrutadores nuevos Wi-Fi tienen controles parentales y filtro; sin embargo, no todos tienen el mismo nivel de eficacia o facilidad de uso. Si decide comprar un enrutador Wi-Fi, recomiendo el Gryphon Mesh Wi-Fi Enrutador de Seguridad y Sistema de Control Parental

Dos, puede configurar el enrutador actual para que utilice los filtros DNS de CleanBrowsing. Esto requerirá un poco más de conocimiento tecnológico. CleanBrowsing tiene documentos de ayuda de instalación para enrutador estándar aquí: https://community.cleanbrowsing.org/article-categories/routers-network-devices/

Aplicación de Monitoreo y Notificación para Padres

Bark - Controles Parentales (iPhone y Android)

Bark proporciona a las familias las herramientas que necesitan para criar niños en el mundo digital. Su servicio integral le permite monitorear contenido, administrar el tiempo de pantalla, y filtrar sitios web para que pueda tener tranquilidad mientras su hijo está en línea. Bark ha ganado premios de The National Parenting Center, Mom's Choice Awards, y National Parenting Product Awards.

Bark utiliza algoritmos avanzados para detectar y alertar proactivamente a los padres sobre los problemas que sus hijos enfrentan en línea, como el acoso cibernético, el sexting y los signos de depresión y pensamientos suicidas. Bark cubre mensajes de texto, YouTube, correo electrónico, y plataformas y aplicaciones de redes sociales, 4x más que cualquier otra aplicación de monitoreo infantil. Recibirá alertas automáticas a signos de acoso cibernético, depresión, depredadores en línea, contenido para adultos, y más. Al mostrar sólo a los padres problemas potenciales, el enfoque de Bark ahorra a los padres un tiempo valioso y ayuda a generar confianza entre padres e hijos.

Monitoreo de Contenido

Bark monitorea los textos, el correo electrónico, YouTube, y 30+ aplicaciones y plataformas de redes sociales de su hijo para temas como acoso cibernético, contenido para adultos, depredadores sexuales, blasfemias, ideas suicidas, amenazas de violencia, y más. Los padres reciben alertas solo cuando algo potencialmente problemático ocurre en línea. Usted no tendrá acceso completo a todo en el teléfono de su hijo, solo las cosas que tal vez necesite saber.

Administración del Tiempo de Pantalla

Las familias pueden establecer límites de tiempo saludables y crear horarios para cuando los dispositivos de sus hijos puedan conectarse a Internet (a través del servicio celular y Wi-Fi).

Filtrado Web

Nuestro filtro web le permite seleccionar a qué sitios web puede acceder su hijo en sus dispositivos. Puede permitir o bloquear sitios específicos - o incluso categorías enteras como servicios de transmisión, juegos en línea, contenido sexual, y más.

Estamos orgullosos de asociarnos con Bark para darle un 15% de descuento en su suscripción de pago. Utilice nuestro código promocional, *cybersafetycop*, cuando se registre.

Presentación para Padres

Basado en el aclamado libro de Clay Cranford, Educando a los Padres en un Mundo Digital (Parenting in the Digital World), este seminario de seguridad cibernética de 90 minutos preparará a los padres para supervisar eficazmente a sus hijos en los sitios de redes sociales, protegerlos de las amenazas en línea, y devolver el equilibrio tecnológico a sus hogares.

En esta "nueva normalidad" donde los niños están aprendiendo en línea desde casa, están expuestos más que nunca a los depredadores en línea y los efectos perjudiciales del tiempo de pantalla. Este seminario le mostrará los juegos actuales, y aplicaciones que los adolescentes están usando hoy en día. En segundo lugar, el acoso cibernético y otras amenazas en línea se definen con las tendencias actuales y ejemplos del mundo real que Clay Cranford ha investigado en las escuelas. Por último, se le dará a los participantes herramientas y un plan de acción que pueden comenzar a usar inmediatamente para ayudar a mantener a sus hijos seguros en línea.

Temas Incluyen

- Aplicaciones actuales que los niños están usando y lo que necesita saber sobre ellas
- "Sexting" y depredadores en línea
- Cómo hablar con su hijo sobre la seguridad en línea
- Cómo monitorear la actividad en línea y encontrar cuentas secretas de Instagram
- Cómo hablar con su hijo sobre la pornografía
- Controles parentales y configuración de privacidad

 Lo que los educadores y los padres están diciendo sobre la asamblea de Cyber Safety Cop...

"¡Cada padre debe ser requerido de asistir a su presentacion! Aprendí mucho en las dos horas allí y me fui sintiéndome más informado y confiado en tener un plan de juego sólido para proteger a mis hijos."
Nani L. - Padre

"La mejor noche de padres que hemos tenido en mis 29 años como educador."
Michelle B. - Directora de la Escuela Secundaria

Póngase en contacto con el equipo de Cyber Safety Cop a través de nuestro sitio web, www.cybersafetycop.com, para averiguar cómo llevar esta presentación reveladora a su escuela.

Clayton Crantord, el fundador de Cyber Safety Cop, y sus instructores viajan por los Estados Unidos y comparten su mensaje de seguridad cibernética con decenas de miles de estudiantes, kindergarten hasta el 12º grado. Nuestra presentación de 40-minutos se enseña típicamente en un gran formato de montaje, pero se puede enseñar a grupos pequeños o incluso a través de seminarios web.

Nuestras presentaciones cumplen con las escuelas compatibles con CIPA. Las escuelas y bibliotecas sujetas a la Ley de Protección de Internet infantil deben educar a los menores sobre el comportamiento en línea apropiado, incluyendo la interacción con otras personas en sitios web de redes sociales y en salas de chat y conciencia y respuesta sobre acoso cibernético. Las asambleas de Cyber Safety Cop satisfacen el requisito educativo de CIPA.

Kindergarten - 3er Grado "Sea Seguro y Amable En Línea" (Be Safe and Kind Online)

Be Safe and Kind Online equipa a los estudiantes más jóvenes con las habilidades y conocimientos necesarios para usar Internet de forma segura, creando una conciencia de los problemas potenciales que pueden experimentar cuando están en línea y cómo manejar estos problemas y pedir ayuda. Esto se logra a través de una presentación dinámica, atractiva, y no aterradora.

Los temas son introducidos por personajes animados que los niños pueden disfrutar y relacionar con Zachary, Charlotte, y el Cyber Safety Cop.

Los temas incluyen:

- Decirle a un adulto de confianza cuando algo los hace sentir tristes, asustados, o confundidos.

- No compartir información personal con alguien que conozcan en línea.

- Estrategias anti-acoso cibernético.

4º – 6º Grado

La asamblea de seguridad cibernética de 4º a 6º grado da a los estudiantes de primaria la información que necesitan para tomar buenas decisiones en sus vidas en línea. A través de la experiencia de la vida real como investigador juvenil, el presentador compartirá problemas comunes de seguridad y cómo los estudiantes pueden hacerse más seguros en las redes sociales. El programa se centra en la importancia de una reputación digital positiva y el impacto a largo plazo del acoso cibernético que puede tener en sus vidas. Los temas incluyen:

- No permitir extraños en su red.

- Consecuencias de mensajes malos, groseros, o amenazantes.

- Cómo crear una reputación positiva en línea.

7° – 12° Grado

La asamblea de 7° a 12° grado se construye a partir de la asamblea de 4° – 6°. Los mismos temas son cubiertos: No permitir extraños en su red; y las consecuencias de los mensajes malos, groseros, o amenazantes. El presentador, un ex investigador juvenil, llevará los temas un paso más allá y platicará:

- Explotación sexual en línea y sexting.

- Acoso criminal y amenazas, y cómo evitar cometer estos errores.

- Terminamos la presentación sobre cómo crear una reputación positiva en línea.

 Lo que los educadores y los padres están diciendo sobre la asamblea de Cyber Safety Cop...

"Mi hija mayor estuvo en su asamblea ayer por primera vez. Fue increíble escucharla compartir su perspectiva sobre qué y cómo explico la dinámica y los peligros del mundo cibernético. Mi esposo y yo no podemos empezar a expresar la gratitud por todo lo que hace por estos niños/ esta generación y los que siguen."
Andi B. - Padre de un Estudiante de 5° Grado

"Mi estudiante de 7° grado escuchó a Clay Cranford, y su charla "Seguridad Cibernética" en la escuela. Volvió a casa y dijo: "¡Mamá, voy a tomar esto de la tecnología y el teléfono en serio!"
"¡¡¡¡¡GRACIAS CLAY!!!!! ¡Llega a casa y se acerca a los niños!"
Amanda M. - Padre de un Estudiante de 7° Grado

"Gracias por su presentación informativa. Mis estudiantes de séptimo grado realmente lo disfrutaron. Algunos de ellos, de camino a casa desde la escuela el viernes, negaron las solicitudes de amistad de personas que no conocían. Otro estudiante estuvo en su PlayStation el fin de semana y fue agregado como amigo de alguien que no conocía. Rápidamente abandonó el juego. Creo que algunos de ellos se han despertado de su sueño. También disfrutaron mucho escuchando historias verdaderas como la de Cindy, la niña rubia de 16 años. Gracias por hacer la diferencia."
Sue H. - Maestra de Escuela Secundaria

Póngase en contacto con el equipo de Cyber Safety Cop a través de nuestro sitio web, www.cybersafetycop.com, para averiguar cómo llevar esta presentación reveladora a su escuela.

Referencias

¿Cuándo Debo Darle a mi Hijo un Celular o Red Social?

1. Giedd, J.N. et al. October 1999. "Brain development during childhood and adolescence: a longitudinal MRI study." Nature. Vol 2, No 10, pp. 861-863.

2. ibid

3. Brownlee, S. August 9, 1999. "Inside the Teen Brain." U.S.News.

El Problema Con Redes Sociales

1. Internet Users. (n.d.). Retrieved August 9, 2017, from http://www.internetlivestats.com/internet-users/

Reputación en Línea y Privacidad

1. Kaplan Test Prep Survey: Percentage of College Admissions Officers Who Check Out Applicants' Social Media Profiles Hits New High; Triggers Include Special Talents, Competitive Sabotage | Kaplan Test Prep. (2016). Kaptest.com. Retrieved 3 March 2020, from https://www.kaptest.com/blog/press/2016/01/13/kaplan-test-prep-survey-percentage-of-college-admissions-officers-who-check-out-applicants-social-media-profiles-hits-new-high-triggers-include-special-talents-competitive-sabotage/

2. Survey: 70 pct of job recruiters have rejected candidates for online profile content. (2014). ABC7 Chicago. Retrieved 3 March 2020, from https://abc7chicago.com/careers/survey-70-pct-of-job-recruiters-have-rejected-candidates-for-online-profile-content/443496/

Tiempo de Pantalla

1.   The Common Sense Census: Media Use by Tweens and Teens, [Accessed May 17] Available from: https://www.commonsensemedia.org/research/the-common-sense-census-media-use-by-tweens-and-teens

2.   Social media captures 30% of online time, [Accessed May 17] Available from: http://blog.globalwebindex.net/chart-of-the-day/social-media-captures-30-of-online-time/

3.   Jenner, F. 2015. At least 5% of young people suffer symptoms of social media addiction. [Accessed Mar 17] Available from: https://horizon-magazine.eu/article/least-5-young-people-suffer-symptoms-social-media-addiction_en.html

4.   Hofmann, W. Vohs, D. Baumeister, R. 2012. What people desire, feel conflicted about, and try to resist in everyday life. [Accessed April 17] Available from: http://journals.sagepub.com/doi/full/10.1177/0956797612437426

5. https://www.cnn.com/2019/11/04/health/screen-time-lower-brain-development-preschoolers-wellness/index.html

6.   The Mental Health Foundation. 2004. Lifetime impacts: Childhood and adolescent mental health – understanding the lifetime impacts. [Accessed Apr 17] Available from: https://www.mentalhealth.org.uk/sites/default/files/lifetime_impacts.pdf

7.   Sampasa-Kanyinga Hugues and Lewis Rosamund F.. Cyberpsychology, Behavior, and Social Networking. July 2015, 18(7): 380-385. doi:10.1089/cyber.2015.0055.

8.   Anxiety.org. 2016. Compare and despair. [Accessed Mar 17] Available from: https://www.anxiety.org/social-media-causes-anxiety

9.   Becker, M. Alzahabi, R. Hopwood, C. Cyberpsychology, Behavior, and Social Networking. February 2013, 16(2): 132-135. doi:10.1089/cyber.2012.0291.

10.   Mind. How to cope with sleep problems. [Accessed Apr 17] Available from: http://www.mind.org.uk/information-support/types-ofmental-health-problems/sleep-problems/

11.   National Institute of Mental Health. 2016. The teen brain: 6 things to know. [Accessed Apr 17] Available from: https://www.nimh.nih.gov/health/publications/the-teen-brain-still-under-construction/index.shtml

12.   Blakemore, S.-J. and Choudhury, S. (2006), Development of the adolescent brain: implications for executive function and social cognition. Journal of Child Psychology and Psychiatry, 47: 296–312. doi:10.1111/j.1469-7610.2006.01611.x http://onlinelibrary.wiley.com/doi/10.1111/j.1469-7610.2006.01611.x/full

13.   Scott, H. Gardani, M. Biello, S. Woods, H. 2016. Social media use, fear of missing out and sleep outcomes in adolescents. [Accessed Apr 17] Available from: https://www.researchgate.net/publication/308903222_Social_media_use_fear_of_missing_out_and_sleep_outcomes_in_adolescence

14.   Harvard Health – Harvard Medical School. 2015. Blue light has a dark side. [Accessed Apr 17] Available from: http://www.health.harvard.edu/staying-healthy/blue-light-has-a-dark-side

15.   Woods, H. Scott, H. 2016. #sleepyteens: Social media use in adolescence is associated with poor sleep quality, anxiety, depression and low self-esteem. Journal of Adolescence · August 2016 DOI: 10.1016/j.adolescence.2016.05.008

16.   Lamb, B. 2015. Human diversity: Its nature, extent, causes and effects on people. Singapore. World Scientific Publishing.

17.   Carolyn Edgecomb, Do's and Don'ts of Instagram: Take a Picture, It Reaches Further, [Accessed Mar 17] Available from: https://www.impactbnd.com/dos-and-donts-of-instagram

18.   Fardouly, J. Diedrichs, P. C. Vartanian, L. Halliwell, E. 2015. Social comparisons on social media: The impact of Facebook on young womens body image concerns and mood. Body Image, 13. pp. 38-45. ISSN 1740-1445 Available from: http://eprints.uwe.ac.uk/24574

19.   Holland, G., & Tiggemann, M. (2016). A systematic review of the impact of the use of social networking sites on body image and disordered eating outcomes. BodyImage,17, 100-110. doi:10.1016/j.bodyim.2016.02.008

20. The British Association of Aesthetic Plastic Surgeons. 2016. 'Daddy Makeovers' and Celeb Confessions: Cosmetic Surgery Procedures Soar in Britain. [Accessed Apr 17] Available from: http://baaps.org.uk/about-us/

21. UPMC/University of Pittsburgh Schools of the Health Sciences, Social Media Use Associated With Depression Among U.S. Young Adults, Accessed Mar 17] Available from: http://www.upmc.com/media/NewsReleases/2016/Pages/lin-primack-sm-depression.aspx

22. Computer/Internet Addiction Symptoms, Causes and Effects, [Accessed May 17] Available from: http://www.psychguides.com/guides/computerinternet-addiction-symptoms-causes-and-effects/

23. Hailey Middlebrook, New screen time rules for kids, by doctors, [Accessed May 17] Available from: http://www.cnn.com/2016/10/21/health/screen-time-media-rules-children-aap/

24. George Dvorsky, Kids Who Use Touchscreen Devices Sleep Less at Night, [Accessed Apr 17] Available from: http://gizmodo.com/kids-who-use-touchscreen-devices-sleep-less-at-night-1794270842

25. Elgar FJ, Napoletano A, Saul G, Dirks MA, Craig W, Poteat VP, Holt M, Koenig BW. Cyberbullying Victimization and Mental Health in Adolescents and the Moderating Role of Family Dinners. JAMA Pediatr. 2014;168(11):1015-1022. doi:10.1001/jamapediatrics.2014.1223

26. Rick Nauert PhD, Family Dinners Can Bolster Teens' Mental Health, [Accessed May 17] Available from: https://psychcentral.com/news/2013/03/21/family-dinners-can-bolster-teens-mental-health/52849.html

Explotación Sexual en Línea

1. http://www.dailymail.co.uk/news/article-2888300/ls-child-s-new-iPad-magnet-paedophiles-Ten-year-old-girl-groomed-tablet-perverts-despite-parents-taking-sensible-safety-measures.html

2. "My story: Struggling, bullying, suicide, self harm," Available from: https://www.youtube.com/watch?time_continue=1&v=vOHXGNx-E7E&feature=emb_logo&bpctr=1583273917

3. Department of Homeland Security, "Blue Campaign: Human Trafficking 101," http://www.dhs.gov/sites/default/files/publications/blue-campaign/bc-inf-ht101-blue-campaign-human-trafficking-101.pdf

Sexting

1. Chances Are Your Teen is Sexting

Chances Are Your Teen is Sexting. (2021). Retrieved 3 February 2021, from https://time.com/2948467/chances-are-your-teen-is-sexting/

2. Madigan S, Ly A, Rash CL, Van Ouytsel J, Temple JR. Prevalence of Multiple Forms of Sexting Behavior Among Youth: A Systematic Review and Meta-analysis. JAMA Pediatr. 2018;172(4):327–335. doi:10.1001/jamapediatrics.2017.5314

3. Majority of Minors Engage in Sexting, Unaware of Harsh Legal Consequences - DrexelNow

Majority of Minors Engage in Sexting, Unaware of Harsh Legal Consequences - DrexelNow. (2021).

Retrieved 3 February 2021, from https://drexel.edu/now/archive/2014/June/Sexting-Study/

Cómo Hablar con su Hijo Acerca de la Pornografía

1. Hilton, D. L., And Watts, C. (2011). Pornography Addiction: A Neuroscience Perspective. Surgical Neurology International, 2: 19; (Http://Www.Ncbi.Nlm.Nih.Gov/Pmc/Articles/Pmc3050060/)

2. Hedges, V. L., Chakravarty, S., Nestler, E. J., And Meisel, R. L. (2009). Deltafosb Overexpression In The Nucleus Accumbens Enhances Sexual Reward In Female Syrian Hamsters. Genes Brain And Behavior 8, 4: 442–449;

3. Bostwick, J. M. And Bucci, J. E. (2008). Internet Sex Addiction Treated With Naltrexone. Mayo Clinic Proceedings 83, 2: 226–230;

4. Doidge, N. (2007). The Brain That Changes Itself. New York: Penguin Books, 106; Nestler, E. J. (2005). Is There A Common Molecular Pathway For Addiction? Nature Neuroscience 9, 11: 1445–1449.

5. Angres, D. H. And Bettinardi-Angres, K. (2008). The Disease Of Addiction: Origins, Treatment, And Recovery. Disease-A-Month 54: 696–721; Doidge, N. (2007). The Brain That Changes Itself. New York: Penguin Books, 102.

6. Pitchers, K. K., Vialou, V., Nestler, E. J., Laviolette, S. R., Lehman, M. N., And Coolen, L. M. (2013). Natural And Drug Rewards Act On Common Neural Plasticity Mechanisms With DeltaFosB As A Key Mediator. Journal Of Neuroscience 33, 8: 3434-3442;

7. Angres, D. H. And Bettinardi-Angres, K. (2008). The Disease Of Addiction: Origins, Treatment, And Recovery. Disease-A-Month 54: 696–721;

Zillmann, D. (2000). Influence Of Unrestrained Access To Erotica On Adolescents' And Young Adults' Dispositions Toward Sexuality. Journal Of Adolescent Health 27, 2: 41–44.

8. Bridges, A. J. (2010). Pornography's Effect On Interpersonal Relationships. In J. Stoner And D. Hughes (Eds.) The Social Costs Of Pornography: A Collection Of Papers (Pp. 89-110). Princeton, NJ: Witherspoon Institute;

Bergner, R. And Bridges, A. J. (2002). The Significance Of Heavy Pornography Involvement For Romantic Partners: Research And Clinical Implications. Sex And Marital Therapy 28, 3: 193–206.

9. Kristin Maxwell and James Check, "Adolescents' rape myth attitudes and acceptance of forced sexual intercourse." Paper presented at the Canadian Psychological Association Meetings, Quebec, June 1992.

10. Wildmom-White, M. L. And Young, J. S. (2002). Family-Of-Origin Characteristics Among Women Married To Sexually Addicted Men. Sexual Addiction & Compulsivity 9, 4: 263–73.

11. Wright, P. (2013). U.S. Males And Pornography, 1973–2010: Consumption, Predictors, Correlates. Journal Of Sex Research 50, 1: 60–71;

12. Dedmon, J. (2002). Is The Internet Bad For Your Marriage? Online Affairs, Pornographic Sites Playing Greater Role In Divorces. Press Release From The Dilenschneider Group, Inc.

13. Watson, Connie. "The Globalization of Sex." CBC News. CBC/Radio Canada, 18 June 2009. Web. 06 Jan. 2015.

14. Dines, Gail, and David Levy. "Good Cop Bad Cop: Corporate Political Strategy in the Porn Industry." Web log post. Organizations and Social Change. N.p., 13 Nov. 2013. Web.

15. Farley, M. "Renting an Organ for Ten Minutes: What Tricks Tell us about Prostitution, Pornography, and Trafficking." (2007)

Acoso

1. Rutgers University. "Teen girls more vulnerable to bullying than boys." ScienceDaily. ScienceDaily, 7 May 2019.

2. Bullying Definition. (2012, February 29). Retrieved August 06, 2017, from https://www.stopbullying.gov/what-is-bullying/definition/index.html

3. Idsoe, T., Dyregrov, A. & Idsoe, E.C. J Abnorm Child Psychol (2012) 40: 901. https://doi.org/10.1007/s10802-012-9620-0

Amenazas en Línea

1. Dalasta, D. (n.d.). Phishing Data – Attack Statistics. Retrieved August 13, 2017, from http://resources.infosecinstitute.com/category/enterprise/phishing/the-phishing-landscape/phishing-data-attack-statistics/#gref

Robo de Identidad y Piratería

1. National Crime Prevention Council, "Stop Bullying Before it Starts," http://www.ncpc.org/resources/files/pdf/bullying/cyberbullying.pdf

2. Harris Interactive, "Trends & Tudes 2007 Volume 6 Issue 4," April 2007

Aplicaciones populares y Juegos

1. 10 sentenced to prison for child exploitation enterprise & conspiracy (2020). Retrieved 17 February 2021, https://www.biometrica.com/10-sentenced-to-prison-for-child-exploitation-enterprise-conspiracy/

2. Safety Principles and Policies | Discord. (2021). Retrieved 17 February 2021, from https://discord.com/safety

3. Family View - Steam Support . (2021). Retrieved 17 February 2021, from https://support.steampowered.com/kb_article.php?ref=5149-EOPC-9918

4. Home - Roblox. (2021). Retrieved 17 February 2021, from https://corp.roblox.com/

5. Parents' Ultimate Guide to Fortnite. (2020). Retrieved 17 February 2021, from https://www.commonsensemedia.org/blog/parents-ultimate-guide-to-fortnite

6. Epic Games' Fortnite. (2021). Retrieved 17 February 2021, from https://www.epicgames.com/fortnite/en-US/parental-controls

7. Parents' Ultimate Guide to Minecraft. (2020). Retrieved 17 February 2021, from https://www.commonsensemedia.org/blog/parents-ultimate-guide-to-minecraft

8. All about Pinterest (2021). Retrieved 17 February 2021, from https://help.pinterest.com/en/guide/all-about-pinterest

Controles Parentales del iPhone y iPad

https://support.apple.com/en-us/HT201304

Cómo los Niños están evadiendo el tiempo de pantalla en iOS

https://www.washingtonpost.com/technology/2019/10/15/teens-find-circumventing-apples-parental-controls-is-childs-play/

Controles Parentales de Android

https://support.google.com/googleplay/answer/1075738?hl=enXbox Parental Controls

Controles parentales de Xbox

https://www.xbox.com/en-US/community/for-everyone/responsible-gaming

Controles Parentales de PlayStation 4 & 5

https://www.playstation.com/en-us/support/account/ps5-parental-controls-spending-limits/

Controles Parentales de Nintendo

https://www.nintendo.com/switch/parental-controls/

Controles Parentales de Windows 10

https://support.microsoft.com/en-us/account-billing/set-screen-time-limits-on-your-kids-devices-a593d725-fc4c-044c-284d-32eab0305ffd

Controles Parentales de macOS

https://support.apple.com/guide/mac-help/set-up-content-and-privacy-restrictions-mchl8490d51e/mac

Controles Parentales de Chromebook

https://support.google.com/families/answer/7087030?hl=en

Bloquee Sitios Web Porno e Inseguros

https://cleanbrowsing.org/content-filtering

CLAYTON CRANFORD ES
El Policía de Seguridad Cibernética

Clayton Cranford es un profesional de la aplicación de la ley basado en el sur de California y propietario de Total Safety Solutions. Clayton es uno de los principales educadores policiales del país en las redes sociales y la seguridad de los niños. Creó Cyber Safety Cop, un programa de seguridad en Internet y redes sociales. Enseña a los padres y estudiantes cómo evitar los riesgos inherentes de las redes sociales y otras plataformas basadas en la web mediante el uso de hábitos seguros.

Clayton tiene más de 20 años de experiencia docente y ha sido orador destacado en la Conferencia Nacional sobre Acoso, la Conferencia del Sudoeste sobre el Trato de Personas, la Asociación de Oficiales de Prevención del Delito de California y la Asociación Nacional de Oficiales de Recursos Escolares.

Clayton fue premiado con el Premio Nacional de Prevención del Acoso 2015 del Consejo de Defensa de la Seguridad Escolar, y la Medalla al Mérito de la Legión Americana 2015 por su trabajo de prevención del acoso escolar.

Clayton ha servido como Oficial de Recursos Escolares, un Investigador Juvenil, un miembro de un equipo de evaluación de amenazas escolares en todo el condado y dirigió el programa de abuso de drogas escolares de su condado. Clayton también enseña investigación de evaluación de amenazas a agencias policiales en todo Estados Unidos.

Clayton se ha asociado con Agape International Missions (AIM), un líder en la lucha contra el tráfico sexual infantil en Cambodia. Clayton ha servido en el extranjero con AIM en el epicentro del tráfico sexual infantil en Cambodia y habla en varios simposios y conferencias sobre el trato de personas.

Clayton está casado con Gretchen, y tienen dos hijos, Zachary y Clay, que aman el internet y la tecnología. Clayton tiene una Licenciatura en Filosofía y una Maestría en Justicia Criminal.

Made in the USA
Monee, IL
17 July 2023

39118490R00088